Naoshima Insight Guide

50 Keywords about Naoshima

直島とともに
古くからの歴史が残る豊島。
この地にも多くの
語られるべき姿がある。

焼杉板と細い路地。
入り組んだ家々の間を
通り抜けていくと
島の人々の穏やかな日常に出合う。

鯛がうまい。蛸もうまい。
瀬戸内のごちそうは
海風とともに味わうと絶品。

自然のなかに隠れた
コンクリートの壁、壁、壁。
時が一旦変化し
アートとの出合いを予感する。

静かに、しかし熱く
伝統は守られる。
一つの文化は
こうしたところで醸成される。

普段の生活に
海があり、船がある。
まだまだスクールボートは
活躍するのだ。

直島

50 Keywords about Naoshima

Contents

Contents

Naoshima Modernity

Naoshima Design

Naoshima Knowledge

伝統、習慣、そして暮らし。
島に生きる人々の
しなやかな感性と大らかな気概が
直島らしさを守っていく。

第1章　直島トラディション

Chapter 1

Naoshima Tradition

島の粋、島人の活気。

Keyword #1

Fishing of Sea Breams

鯛網

島を囲む海で獲れた鯛は
倉敷代官所や高松藩にも献上、
直島の特産品として
珍重された。

直島に豊かな日常をもたらした瀬戸内の恵み、鯛網漁

博物図譜『衆鱗図』の最初を飾る鯛

高松藩松平家の中興の祖である5代藩主、松平頼恭が編纂させた『衆鱗図』。最初に収録されているのが鯛である。（高松松平家歴史資料〈香川県立ミュージアム保管〉）

網元を中心に構成された
50〜70人の船団で、
桜鯛を一網打尽

廻船業（→#15）とともに、近世以降の直島において重要な産業となっていたのが漁業である。春ともなると太平洋から産卵のためにやってくる鯛や鰆を獲り、夏から秋にかけては鰯やハゼ、大ダコ漁に忙しく、冬ともなれば寒ボラの季節とされた。なかでも鯛網漁による鯛は、倉敷代官所や高松藩の役人などへの献上品としても珍重され、漁場は毎年、網元によるくじ引きによって公平に決められたという。そして鯛網漁のみならず、すべての漁において漁業者は、漁網の数を厳しく制限されるとともに、漁獲量に応じて税が徴収され、それと引替えに漁業権が与えられた。こうして讃岐の沿海は、高松藩・丸亀藩・多度津藩と、直島・小豆島・塩飽諸島らの島しょ部とに分割され、それぞれの領海において内海漁業が発展していったのである。

歌川広重「大日本物産図会」にある瀬戸内の鯛網。（高松市歴史資料館所蔵）

とはいえ、陸地とは異なり漁場の境界は不明瞭。知らずに他領で漁をしていたり、あるいは故意に密漁する者もあったりと、江戸時代は漁場争いが頻発していたことも記録に残されている。なかでも有名なのが1739年（元文4）に高松藩領と塩飽領の境界で起きた鯛・鰆漁を巡る漁場争いで、1741年（寛保元）に下された裁許書には、当時の寺社奉行であった大岡越前ら11人の署名が残されている。同様に直島においても漁場争いが何度も起きていたことが旧庄屋、三宅家の文書などからも明らかとなっているが、こうした記録の数々は、それだけ漁業が盛んであったことを物語っている。

ちなみに三宅家に伝わる文書によれば、近世における直島の鯛網漁は、天保期（1830〜43年）には10統を超す鯛網があり、主に「大網」と「地漕網」の2種類の網漁が行われたとある。前者は約450メートルの網を使い、総船数7艘、総人数29人。後者は約120メートルの網を

昭和の鯛網漁。網元では最盛期、50〜70人ほどの漁師を雇った。（ⓒ中村由信）

沖合（漁労長）の合図を伝えた信号用具「ザイ」

↑鯛縛網漁では、沖合は「ザイ」を振ることで、各船に移動や網入れ、網上げなどの指示を伝えた。（瀬戸内海歴史民俗資料館所蔵）

鯛を威かし網へと追い込む「カズラ縄」

↑ブリキ（振木）ともいう短冊状の薄板を付けた縄をカズラ船で引き、音や光で鯛を網へ追い込んだ。（瀬戸内海歴史民俗資料館所蔵）

船乗りたちが着用した「ドンザ」

元廻船問屋だった堺谷家に伝わる、防寒用の刺し子着物「ドンザ」。漁業や廻船業など、ドンザは直島の船乗りたちの必需品だった。

Column

ドンザは思いの籠もる漁師の仕事着

ドンザは古布を刺し子にして縫い合わせたりしたもので、仕事着として着用された。鯛網漁の時期ともなると、漁師たちは船上で夜を過ごすことが多く、分厚いドンザをまとうことで冷気を防いだ。鯛網の指揮を執る網元のドンザは豪奢なものも多かったが、それは一種の晴れ着でもあった。縁起をかついだ網元は、つねにドンザをまとって大漁を願ったという。(ⓒ中村由信)

使い、総船数5艘、総人数25人。ともに「カズラ縄」で鯛を威《おど》して1か所に集め、そこを網で獲るという漁法だが、その後さらに大型化した「縛網」へと発展し、戦後まで続いた。

網元が網子たちを雇い入れて総勢50〜70人の船団をつくり、10艘前後の漁船に分乗。カズラ縄の両端をU字形に引く2艘のカズラ船を、長さ1,600メートル、深さ150メートルにも及ぶ網で徐々に円形へととり囲む。そして大手船（指揮船）に乗り込んだ網元や沖合の合図とともに、網の両端を引く真網船と逆網船を交差するように運行することによって、網を一気に縛り上げ、鯛を一網打尽にするという豪快な漁法だ。

最盛期には3〜4キロもの桜鯛がひと網に3,000枚もかかり、網船が鯛に乗り上げるほどであったともいわれるが、昭和の高度経済成長期ともなると航路の増設などにより漁場が次々と失われ、それにともない漁獲量も減少。1970年（昭和45）には、ついに鯛網漁は直島から姿を消した。それでも直島や讃岐の人たちにとって鯛は、今も特別な存在であることに変わりはない。

Column

讃岐の海も裁定した大岡越前

1739年、幕府領の塩飽小瀬居島の東側水域において漁場争いが勃発する。鯛・鰆の豊富な漁場として知られていたが、高松藩領と塩飽領の境界だったこともあり、紛争が絶えなかった。そこで高松藩は自領であることを幕府に訴え、数回におよぶ評定の結果、高松藩領であると認められるが、入会漁場として隔日に双方が入漁することとなり、1741年に裁許書が下された。当時の寺社奉行である大岡越前ら11人が署名、8人が判を押した、巨大な判決書として伝わる。（塩飽勤番所所蔵）

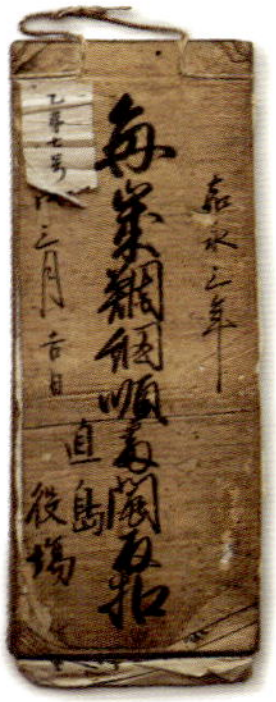

↑ 漁場を決めるくじ引き結果が記されている（瀬戸内海歴史民俗資料館所蔵）。

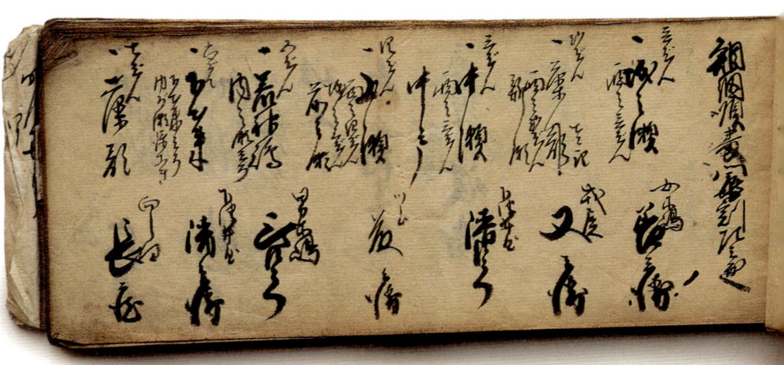

鯛網順番くじ取控

Column

若山牧水も鯛網見物

鯛が吉祥魚なら、鯛網漁もまた吉事。しかも勇壮であることから、明治以降は多くの見物人が集まったという。歌人、若山牧水も1921年5月19日に来島、八幡神社の神官、三宅其部の案内で鯛網を見物。浜の酒宴で即興の歌3首を詠み、愛唱していたボードレール『悪の華』の一節「旅」（永井荷風訳）とともに色紙と短冊に残した。（写真提供／若山牧水記念館）（地図／P253）

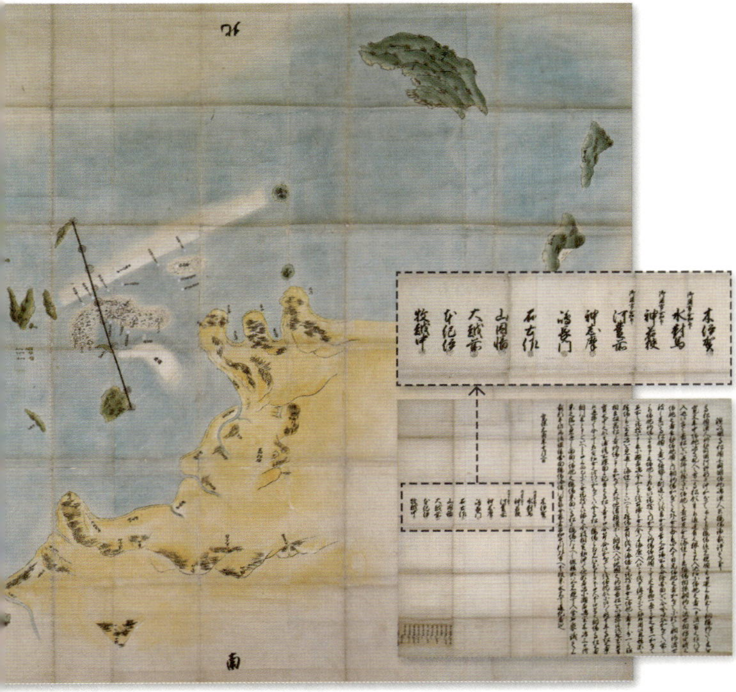

8人の奉行が連判したことから、「八判」とも

↑左から3番目に大岡越前の署名も入っている。このときの境界線は近代まで生きていた。

Column

おやじの海発祥の地

村木賢吉が歌った「おやじの海」は、直島出身の佐義達雄が作詞作曲したもの。ふたりは三菱マテリアル株式会社直島製錬所での勤務を通じて知り合い、意気投合。1972年に同曲を自主制作。漁師の姿を叙情豊かに歌い上げ、1979年に大ヒットを記録する。直島のつつじ荘の前には、記念碑が立つ。（地図／P253）

↓瀬戸内で盛んだった、江戸時代からの鯛網に関するさまざまな資料。（瀬戸内海歴史民俗資料館所蔵）

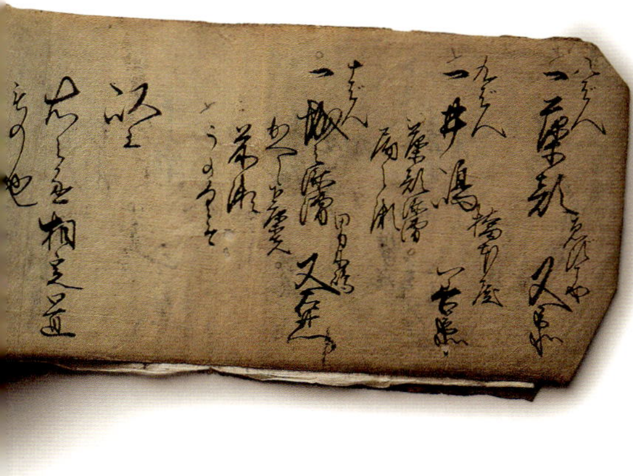

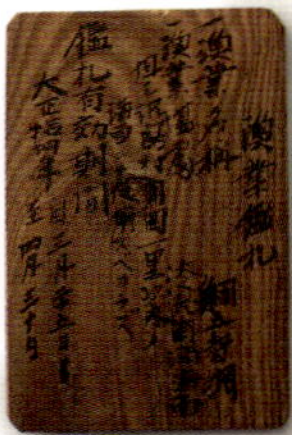

漁業鑑札

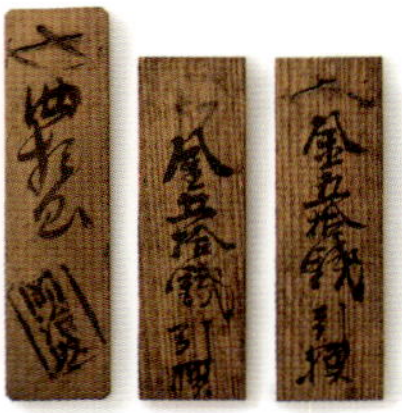

鯛現金引換木札

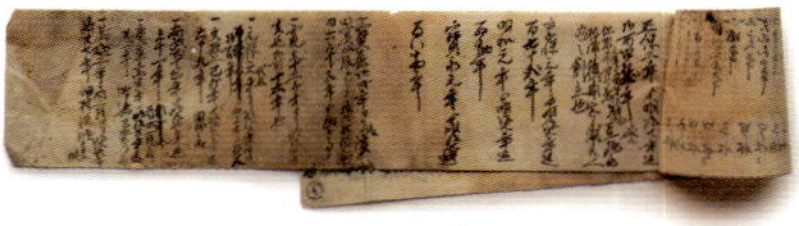

鯛網年々仕卸之網数

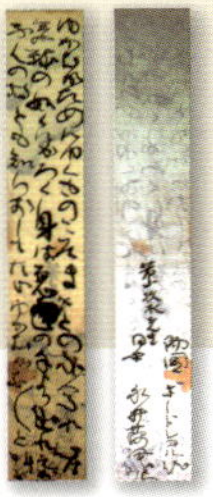

←若山牧水が直島で詠んだ歌のうちの1首は、三宅其部の長男、親連が町長を務めていた折り、歌碑として琴弾地の浜に建立され、直筆の短冊は「沼津市若山牧水記念館」に寄贈された。

Information

沼津市若山牧水記念館

- 静岡県沼津市千本郷林1907-11
- 055-962-0424
- 開館時間／9:00〜17:00（入館は16:30まで）
- 入館料／大人200円、小・中学生100円
- 休館日／月曜（祝日は翌日）、年末年始（12月29日〜1月3日）

Keyword
2

Festival

祭り

投げ頭巾にたすきがけの乗り子。静と動の所作を使い分ける姿は神々しく、幼い子どもたちの憧れでもある。

島民の熱い心に触れられる秋祭り

10月に3週連続で開催される秋祭り。
神の子たる乗り子が
やったー、やったーと叫びながら
大人たちを動かしていく。

3つの秋祭りに 共通する 氏子の出し物	太鼓台	崇徳天皇神社と八幡神社は山にあるため、参道の急な階段を上ることになる。見どころとして多くの人が集う。

祭りの様式に
伝統と
歴史を垣間見る

毎年10月が近づくと、直島では太鼓の音が聞こえてくる。秋祭りに向けた準備が始まるからだ。秋祭りは第1週の週末から、積浦《つむうら》の崇徳天皇神社祭、宮ノ浦《みやのうら》の住吉神社祭、本村《ほんむら》の八幡神社祭と3週連続で開催される。それぞれの祭りに共通するのは、太鼓台あるいは〝タイコ〟と呼ばれる山車《だし》の存在だ。これは氏子による出しもので、集落内を練り歩いたのち神社まで出向き奉納する。

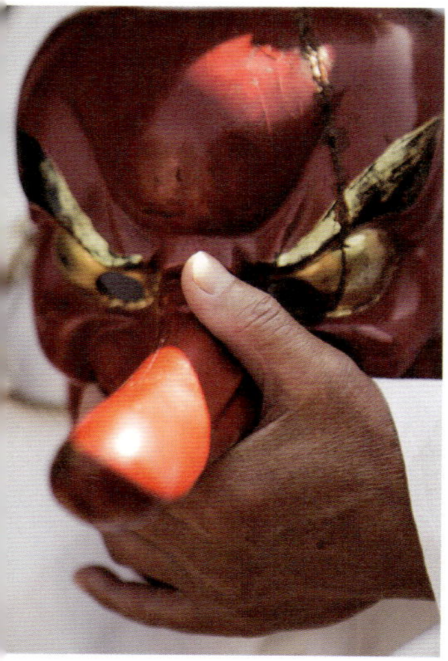

ちょうさの列には、受け継がれてきた天狗の面も現れる。

もともと瀬戸内海沿岸の祭りに多い形態だが、直島の太鼓台は仕様や掛け声が独特だ。まず、ほかの地域で見られる屋根が存在しない。太鼓を叩く乗り子の配置は、ほかの地域では四方から太鼓を囲む配置が多く見受けられるが、直島では2名ずつ向き合う配置となっている。この太鼓を叩くリズムに合わせて、〝かきて〟と呼ばれる担ぎ役の大人たちはゆっくりと歩いていく。そして、速いリズムに切り替えると同時に叫ばれる「やったー、やったー、そら、やったー」という大きな掛け声とともに、かきてたちは一気に加速して進んだり、激しく太鼓台を上下に揺り動かす。こうした様式を身に付けるため、乗り子役の子どもたちは祭りの前に練習を繰り返すのである。太鼓台の運営を担うのは、島内の太鼓同好会のメンバーだ。それまで祭りを主導してきた青年団に代わる組織として、1978年（昭和53）に結成された。乗り子を指導したり、ほかの集落の祭りに参加したり、祭りを伝承する役割を担っている。

3つの秋祭りのなかでも、八幡神社祭は最も規模が大きい。八幡神社（→#8）は島全体の氏神でもあるからだ。

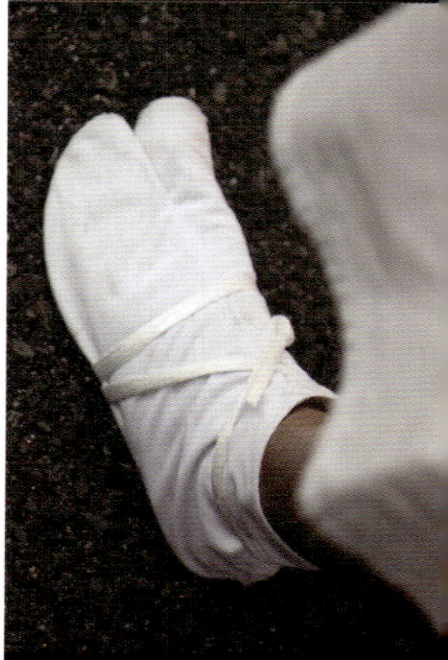

鈴の音に引かれて、白足袋を履くかきてがゆっくりと歩を進める。

巫女の子どもたちは舞のほか、お札を配る役割も。

黒い烏帽子を被り
白い装束を身に付けた男たち。
力強く神輿を担ぐ姿を
うやうやしく島民が見守る。

金糸を使い
精緻な細工で
仕上げた神輿

ちょうさ

瀬戸内海沿岸では、太鼓台をちょうさと呼ぶ地域が多く存在する。直島では神輿をちょうさと呼んでいる。

美しく着飾った子どもが楽器を奏でる

屋台

↑ 化粧を施した和服姿の子どもたちが、静かに演奏をする。太鼓台や神輿にはない華やかさに、多くの島民がカメラを向ける。

積浦の崇徳天皇神社祭。掛け声に使う言葉は同じだが、八幡神社祭とは音程や調子が若干異なっている。

この祭りでは太鼓台のほかに屋台と呼ばれる山車、そして神輿《みこし》が登場する。屋台は屋根付きの山車のなかで着飾った女の子が楽器を鳴らしながら練り歩くもので、土曜の夜にだけ巡行される。神輿は白装束に身を包んだ大人たちが担ぎ、日曜だけの巡行となる。屋台は太鼓台と同じく氏子の出しものだが、神輿は八幡神社から御魂を運ぶものであり、宮司の主導のもと執り行われる。境内に神輿を据え置き、本殿内で祝詞を読み上げたり、氏子とともに玉串を捧げたり、巫女となった島の子どもたちが神楽を奉納するなどの祭事を行う。その後、神輿とかきてを清めてから、宮司と神輿は集落へ降りる。巡行中、かきては、「チョウサジャー」と声を出す。この掛け声に由来するのか、現在、多くの島民は他地域で太鼓台を指す「ちょうさ」を神輿の呼称としている。集落に出ると、集まってきた島民の前でかきてが神輿を高く持ち上げることがある。すると、島民は賽銭を神輿に投げ、神輿の下をくぐっていく。この様式は、ほかの金刀比羅宮の祭りでも見られ、その影響を受けたと考える島民もいる。

　このように直島には昔ながらの祭りが残っているが、『直島町史』によると、変わっていった部分も多いようだ。もともと、かきては1週間にわたって神社にこもり、身を清めたとされる。また、中流以上の家庭で3年以内に葬式を出していない者に限定されていたという。崇徳天皇神社祭は女木島（→#14）と交代で行ったり、海に船を出し漕いで競った時期もあったと伝えられている。生活様式に沿って変更を重ねた結果が現在の形態であり、祭りの本質は変わることなく継承されているのだ。

古いかたちと心を伝える 直島・女木島・男木島の祭り

文／田井 静明
瀬戸内海歴史民俗資料館

毎年10月第3土・日曜日に直島、本村にある八幡神社の秋祭りが行われる。祭り当日には、大小2つの太鼓台と神輿などが本村の狭い路地を進み、城山の下に設けられた御旅所に渡御する。見所の一つは、屋根をもたない簡素な太鼓台。その乗り子は小中学生8名で、2台の太鼓それぞれに4名がふたりずつ向かい合って座り、「そーらやった、やったやったー」などの掛け声に合わせて太鼓を叩く。顔には白く化粧をし、頭には真っ赤な投げ頭巾を被り、バチを持つ両手や上半身全体を使って、ときにはゆっくりとときには速いテンポで芸をしながら太鼓を打つ。手のマメをつぶしながら、一心不乱に太鼓を打つ子どもたちの姿は悲壮感さえ漂い、この祭りや太鼓の奉納が村にとっても彼ら自身にとっても大切な行事であることを見る人に伝える。

布を吊り下げた
素朴な美しさを見せる
女木島の屋台。

太鼓台は差し上げられたり、担ぎ手が屈伸することで上下に揺らされたり、若者たち数人が太鼓台の枠を持ち水平方向に回転させたりするなど多彩な芸をする。また神輿を追い立てるように突っかかっていったりもするが、これは神輿の運行を妨げることで、祭りが早く終わってしまうのを遅らせようとする所作と思われる。還御の際、農協の建物前で行われる神輿と大小2台の太鼓台の共演は、太鼓が下ろされて奉納が終わる最後まで見学されることをお勧めする。乗り子の子どもたちと担ぎ手の若者たちの一体感や体力の限界まで奉納する姿は、見る人の心を揺さぶり熱い島の心を伝えてくれる。

秋祭りの見所としてもう一つ、宵宮だけに出る屋台がある。屋台は車が付き曳かれて町内を巡るが、床板は張られていない。なかに入る女の子たちは、鉦・太鼓・三味線を屋台のなかを歩きながら演奏する。艶やかな着物や屋台を飾った電飾は宵宮の夜の巡行をいっそう華やかなものにしている。

こうした屋根をもたない太鼓台や床を張っていない屋台は、高松に近い男木島や女木島の祭りにも登場する。

江戸時代から直島・男木島・女木島の三島は、御料として同じ支配下にあり、神社祭祀も直島の社家のもと行われた。男木島と女木島の大祭りは毎年交互に行われ、女木島では太鼓台・屋台・獅子舞が、男木島では屋台・獅子舞が出るが、屋台は直島同様、床が張られていない。江戸時代の終わりの高松城下の祭礼の様子を描いた「石清尾祭礼絵巻」の飾り屋台も床が張られておらず、直島などに残る屋台は、香川県内に現存する祭り屋台としては古い特徴を残していると考えられる。また女木島の屋台のなかの梁からは数十本の色模様の布が垂らされ、その素朴な美しさは「布の風流」とも呼ばれる古い風流の姿を伝えてくれる。

直島の太鼓台や屋台は、大阪の天神祭にならって始めたとの伝承があり、瀬戸内海を結んだ海運や人の交流が、こうした祭礼文化も伝播させたと考えられている。

Information

崇徳天皇神社祭

土曜の夕方から太鼓台が積浦集落内を練り歩く。その後、崇徳天皇神社の階段を上り、境内を練り歩く。日曜は、午前中に崇徳天皇神社の本殿で神事が行われたのち、太鼓台が積浦集落内を練り歩く。
※年によって土曜のみの開催となることがあります。

- 毎年10月
  第1土・日曜
- 直島町観光協会
- 087-892-2299

住吉神社祭

土曜の夕方から太鼓台が宮ノ浦集落内を練り歩く。その後、太鼓台は住吉神社に移動、境内を練り歩く。日曜は、午前中に住吉神社の本殿で神事が行われたのち、太鼓台が宮ノ浦集落内を練り歩く。
※年によって土曜のみの開催となることがあります。

- 毎年10月
  第2土・日曜
- 直島町観光協会
- 087-892-2299

八幡神社祭

土曜の夕方から太鼓台と屋台が本村集落内を練り歩く。その後、八幡神社の階段を上り、屋台は本殿前で演奏、太鼓台は境内を練り歩く。日曜は、午前中に八幡神社の本殿で祭事が行われたのち、神輿と太鼓台が八幡神社から集落へ移動、集落内を練り歩く。神輿は八幡神社に戻り〝御魂移し〟を行う。

- 毎年10月
  第3土・日曜
- 直島町観光協会
- 087-892-2299

Keyword
3

Local Food

島料理

婚礼のときの締めに出された伝統料理

メンタイ

婚礼の席などで食されてきた郷土料理。現在は食べる機会が少ないものの、自宅で婚礼を行っていた時代を知る島民は、ハレの日の料理として記憶している。（協力／みなとや旅館）

海の幸をふんだんに使った、いつもの島の味

流れの速い潮が行き交う瀬戸内は、
身が締まった魚の宝庫である。
直島の人々が食してきたのは、
今も昔もその滋味を引き出す料理。

鯛のあら煮

さばいて残った
あらは煮付けか、
吸い物にされる。

鯵のなめろう

三枚におろした身に
味噌や薬味を
のせて包丁で叩く。

鯛《たい》

産卵期を除けば
直島では
通年が旬とされる。

海の幸と島料理

直島の近海で獲れる魚と
その魚を使った料理の例。
島の主婦にとって魚をさばくのも
調理も生活の一部だ。

鯛めし

米の上に丸ごと
鯛をのせて炊き、
身をほぐして食べる。

ギザミ

ベラの一種。
関東では食さないが、
関西では高級魚。

ギザミの三杯酢漬け

丸ごとのギザミを
揚げてから
三杯酢に漬ける。

鯖の煮付け

小さめの鯖を
しょうゆや酒などで
煮付けにする。

鯵の三杯酢漬け

揚げた小鯵を
三杯酢で締める。
味わい深く箸が進む。

鯵のたたき

三枚におろした身を
細く切って
好みの薬味を添える。

鯵《あじ》

日本全国で獲れる
大衆魚。
調理法もさまざま。

さよりの天ぷら

内臓を取り出し
衣をつけて揚げる。
淡白で美味。

さより

高級魚として
知られる。
直島ではよく釣れる。

鯖《さば》

マサバ、ゴマサバ、
ともに獲れる。
酢締めの調理が定番。

鯖の巻き寿司

酢締めにした切り身を
野菜などと
一緒に酢飯で巻く。

鯖の押し寿司

酢締めにした切り身と
好みのネタを
酢飯にのせ押し寿司に。

豊かな自然が食卓に上がる、島ならではの味

瀬戸内海に浮かぶ直島では、古くから海の幸を使った料理が食べられてきた。現在、多くの島民は島外から運ばれてきた食材をスーパーで購入しているが、漁師に知り合いがいる家庭では分けてもらった魚を使って、日々の惣菜をつくることがあるという。また、自ら釣った魚をそのまま調理するケースもあるようだ。事実、軒先に釣り竿が置かれている民家（→#5）もよく見かける。

季節によって食卓に上がる魚は変わるが、調理法に大きな差はない。刺身やたたきなど新鮮な魚の味わいを活かす料理はもちろんのこと、焼く、煮る、揚げる、酢締めにするといったベーシックな調理法を施した料理、あるいは揚げてから三杯酢に漬ける、押し寿司にするなど、ひと手間加えた料理もポピュラーだ。

直島に伝わる伝統料理としては、「メンタイ」、「イギス」、「鯛の塩蒸し」が知られている。「メンタイ」は、茹でたそうめんと鯛の煮付けを合わせた料理で、煮汁をタレとしていただく。以前は、婚礼の最後の肴として供され、盛り付けられた大鉢を宴席に運んだのち、ほぐした鯛の身とそうめんを分けて食したという。「イギス」は、同名の海草を使った料理だ。調理前のイギスは、テングサと見た目がほぼ同じ。調理に際しては、水を張った鍋にイギスと米ぬかを入れて煮る。そして、煮ながら浮いてきた小さなゴミを取り除いていく。その後、どろっとした状態になったら型に流し込み、冷やし固めたら完成となる。なお、イギスは煮加減が非常に難しく鍋から目を離せないため、島内の知人から電話がかかってきても「イギスをつくっているから」というと、相手は納得して切るという。「鯛の塩蒸し」は、獲れたての鯛を熱々の塩に埋めて蒸し煮にする料理。塩田が盛んだった頃につくられていた幻の味は、現在「鯛の塩釜焼き」として直島つり公園（→#46）で再現されることもある。

近年、伝統料理をつくる家庭は減っている。自宅で婚礼を行うことがほとんどないこと、調理法を知る人が減ったことが主な理由だ。それでも、近海で獲れた魚を使った料理を出す飲食店や民宿は多い。また、香川名物のうどんや岡山名物のばら寿司など、近隣の食文化も入ってきており、新しい食文化が育まれている。

Column

香川仕込みの讃岐うどん

店主は香川県で修行を積み、足で生地を踏む伝統的な讃岐うどんづくりを守っている。そのコシと味は、讃岐うどんの激戦区である丸亀エリアのうどん店と比較しても引けを取らない。島民にも観光客にも人気が高い。

山本うどん

- 香川郡直島町2526-1
- 087-892-4072
- 営業時間／10:00〜16:30
- 定休日／日曜
- 地図／P251

Information

みなとや旅館

直島の玄関口である宮浦港から、わずか徒歩1分の距離にある旅館。島ならではの料理を目的に訪れる人も。

- 香川郡直島町2211-1
- 087-892-3044
- 宿泊料金／1泊2食付き7,350円〜
- チェックイン14:00／チェックアウト9:00
- 備考／「メンタイ」は事前に予約が必要。
- 地図／P251

しっかりした
歯応えと
滑らかな舌触り

ところてん

島内の岩場で獲れたテングサを天日干ししたものが原料。水で戻して煮てから固める。風味豊かで、酢じょうゆにも黒蜜にも合う。

乾燥させてしまうと、
島民にも区別がつかない二つの海草。
どちらも海の恵みを堪能できる味。

テングサと
思いきや、
実は別種の海草

イギス

料理と同名の海草は瀬戸内でも一部エリアでしか食材にされない。水に溶けないため、米ぬかを使って調理する。仏事でよく出る。

Chapter
1
Naoshima
Tradition

Keyword
#4

Bunraku Performance by Female Islanders

直島女文楽

復活を遂げた、島民女性が演じる伝統芸能

幕府領ゆえに華開いた伝統芸能。
その後、下火になった文楽を
復活させたのは島民女性であった。
新たな歴史を紡いで40年。
プロ顔負けの技術が磨かれている。

文楽人形

直島に残る文楽人形の一部。頭部分を「かしら」と呼ぶ。人形遣いは3人。かしらと胴を持ちながら右手を操作する主遣い、左手を操作する左遣い、両足を操作する足遣いがいる。

島の女性たちの熱意が伝統芸能を紡ぐ

江戸時代に幕府領(→#18)だった直島では、歌舞伎や人形浄瑠璃の公演が盛んであった。19世紀には、現在の高原城跡である城山に舞台が建てられた。間口13間・奥行き8間(約24×14.5メートル)という大きなもので、廻り舞台やセリのほか、花道のセリ装置であるスッポン台などが付いた豪華な設備を誇っていたという。

当時、この舞台では島内の有志による一座がしばしば歌舞伎の公演を行い、中国地方や四国地方はもとより関西地方からも観客が訪れた。本村《ほんむら》港では、こうした観客を乗せた船が二重三重になって停泊することになった。その人気から、島民は興行の最終日である3日目の最終公演しか見られなかったという。また、淡路島の文楽一座が来島して公演することもあった。一座が琴反地の浜で公演した際には、興行の最終日に島民が加わって人形を操ることもあった。こうして、島では歌舞伎や文楽に興味をもつ者が増え、下津(かけ)、乾(なかや)、高田(きったいどん)、山名(ぎざえもん)の4家が人形を所有し、文楽の公演を始めるようになったのである。

浄瑠璃を担当する座員は5名。大切に保管してきた譜面を使っている。

直島町総合福祉センターでの公演の様子。セミプロの技術をもっている。

しかし1873年(明治6)、徳島県に人形を買いに向かっていた島民の船が小豆島沖で難破。5名のうち2名が命を失うという不幸に見舞われた。以来、直島の文楽は下火となり、いつしか過去の文化となって消えていったのである。

終戦からの復興期にあたる1948年(昭和23)になって、文楽を再開させる動きが起こった。島に残されていた人形を借り受け、青木ツタさん、下津カツノさん、三宅スマさん、村尾クマさんなど数名の女性が集まり、稽古を始めたのである。そして翌年、敬老会での旗揚げ公演を実施。その後、京都や岡山、九州地方から公演要請を受けるようになり、座員は20名を超える規模となった。

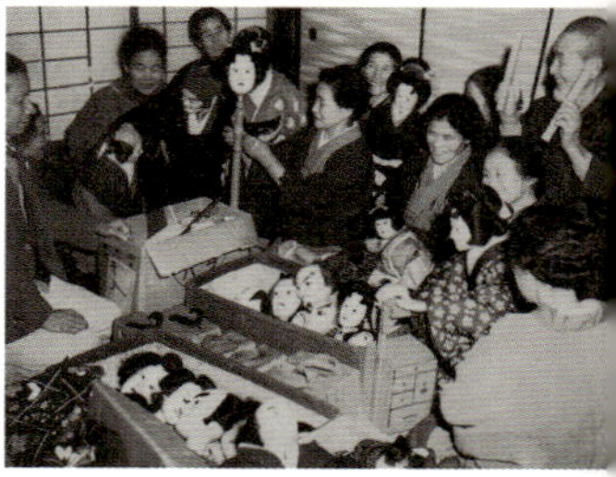

その歴史は座員の家から始まった

最初に結成された女文楽の一座。文楽人形を広げた場と思われる。当初、稽古は座員の下津カツノさん宅で行われていたという。写真の〝かしら〟は現在も保管されている。(©中村由信)

加賀見山旧錦絵《かがみやまこきょうのにしきえ》　お初

伊達娘恋緋鹿子《だてむすめこいのひがのこ》　お七

加賀見山旧錦絵　岩藤

絵本太功記《えほんたいこうき》　口あき文七

一座が使っている“かしら”のなかには、名工と呼ばれた人形師·大江巳之助の作品も残されている。

これが直島女文楽の始まりだが、座員の多くが多忙な主婦の上、簡単に身に付けられない芸能ゆえ、一座の維持は困難を極めた。消え入りかけた伝統芸能を維持したのは、創生期の若手でのちに座長となった織田マサ子さん、そして織田さんの意志を継いで座長となった隅田美知子さんである。活動が全国区に広まったのは、JRの各駅に掲示されたポスターからであった。織田さんが「艶容《はですがた》女《おんな》舞《まい》衣《ぎぬ》」のお園を操る写真が採用されたのだ。そして、座長を継いだ隅田さんは、それまで本村地区中心だった座員の構成を改め、宮ノ浦地区からも座員を募ったり、継続に向けた礎を築いた。

琴反地の浜の公演。淡路島一座の公演様式を再現したと思われる。(©中村由信)

現在の座員は全15名。座長の成田和栄さんほか、50歳代から70歳代の座員が週2回のペースで稽古を続けている。創立当時から使われていた〝かしら〟を使い、本場大阪から人形遣いを講師として招く。伝統の継承にこだわる稽古なのである。近年では瀬戸内国際芸術祭(→#30)に参加するなど活躍の場も広げており、半世紀近いその歴史に新たなページを刻んでいる。

40年を超える
歴史を継ぐ
女文楽の座員たち

直島町教育委員会

- 087-892-2882
- 公演/不定期開催。要問い合わせ

Column

歌舞伎文化は小豆島が中心であった

瀬戸内の島のなかでも、歌舞伎は小豆島で盛んだった。島内の各神社に舞台を設けるケースが多く、奉納という目的をもって集落ごとに歌舞伎が演じられた。出演者は、普段は農作業に従事する村人であった。歌舞伎を披露する祭りに合わせて稽古を積み、本番を迎えたのである。こうした歌舞伎は、「農村歌舞伎」「素人歌舞伎」と呼ばれ、江戸時代から明治時代にかけ日本各地で行われていた。小豆島で始まったのは約340〜350年前といわれ、最盛期には舞台が30以上、役者が600〜700人もいたと伝えられる。舞台の数は減ったものの、その伝統は、現在も見ることができる。

小豆島観光協会

- 0879-82-1775
- 公演/毎年5月(肥土山)と10月(中山)

小豆島の中山と肥土山の舞台では、現在も農村歌舞伎が継承されている。ともに国指定有形民俗文化財。(写真提供/小豆島観光協会)

伊勢大神楽が島を訪れた
記録写真も残る。獅子の頭
噛みもあっただろう。(©中
村由信)

毛《け》剃《ぞり》九右衛門《くえもん》の姫君用衣装

小豆島小豆島町・福田の歌舞伎で使われていた衣装。(瀬戸内海歴史民俗資料館所蔵)

民家

人々の暮らしの拠点である家。
直島に残された古い民家は、
連綿と続く歴史や文化を伝えてくれる。
その建築様式と民具に触れて。

民家を改装して、民宿とうどん店を営む「石井商店」。昔ながらの風情を感じることができる。（地図／P252）

高い美意識と豊かな文化が継承された町と家

〝ざいもくや〟の屋号をもつ
石川家の庭。散策中に門前
で足を止める観光客も多い。
個人邸のため非公開。

民家が育んだ高い美意識と文化水準

昔ながらの日本家屋が建ち並ぶ景観は、直島ならではといえるだろう。特に本村《ほんむら》地区には、江戸時代に建てられた民家も少なくない。記録によれば、1781年（天明元）に起こった火災で集落のほとんどが燃やし尽くされたとされるが、火災後まもなく建てられた民家が現在まで残っているのである。その後に建てられたであろう民家も、それ以前の建築様式を踏襲しており、趣のある美しい町並みの形成にひと役買っている。

特徴的な建築様式の筆頭に挙げられるのは、黒やこげ茶の外壁である。耐火性能や風雨への耐久性が高いことで知られる日本の伝統的な外壁材、焼杉板を使っているのだ。新しく建てられた民家でも、外壁に焼杉板を採用していることが多いのは、潮風に晒される土地柄ゆえと考えられる。また、一部の民家では、西側や北側に建てられた土塀やババベ（馬目樫）の生け垣が残っている。ババベは潮風に強く、八幡神社（→#8）でも見ることができる。

“きょく”の屋号をもつ堺谷家の神棚。旧廻船問屋の家らしい立派なつくり。

夏には民家の軒先にすだれがかかる。白い漆喰といぶし銀の瓦の組み合わせは、本村の集落で見かけることが多い。訪れる観光客は左右に顔を上げては、カメラを向けていく。

屋根の様式は入母屋造、切妻造、寄棟造など。昔は寄棟造で茅葺きやわら葺きが見られたが、現在はどの様式でも日本家屋ではいぶし銀の瓦葺きが多い。

門戸は、各民家によって様式が変わるが、大戸とくぐり戸を設けているところが数多くある。その奥に中庭を配しているのが、直島の民家の特徴だ。庭のつくりは個々の家ごとに異なるものの、縁側から庭を眺められるつくりを採用しているケースが多く見受けられる。庭に植えられた木々には見上げる高さにまで成長したものもあるが、ほとんどの場合、家主が自ら剪定する。島民にとって今や日

Column

島の文化と産業を支える三つの集落

直島には、宮ノ浦、本村、積浦という三つの集落がある。宮ノ浦は島の西側の集落で、岡山県の宇野港と香川県の高松港からカーフェリーが着く島の玄関口となっている。港からの徒歩圏には、飲食店や宿泊施設が多い。また、集落の一部で古い民家が見られる。本村は島の東側の集落。町役場、銀行、郵便局、八幡神社が

あり、島民の生活の中心となっている。また、家プロジェクト、江戸時代から続く民家、古い町並みなど人気の高い観光スポットも多く、休日には観光バスが訪れることもある。積浦は本村から1㎞ほど南下したところにある集落。民家は新しく、住民には漁業関係者が多い。これら三つの集落が島民の生活拠点となっている。

焼杉板に挟まれた本村の路地。アスファルトが敷かれていることを除けば、昔の姿そのままである。

蔵に残されていた
祝いの席で使われた道具。
豊かな生活と
笑い声の響く情景が浮かぶ。

椀

婚礼などの宴席で
用いられた朱塗りの椀。
(織田家収蔵)

銀製酒器

婚礼のときの
三三九度で使われた。
(堺谷家収蔵)

ハレの日を祝い、
楽しむ、
美しき道具たち

直島では、出産、節句、婚礼といったハレの日に、特別な祝いを行う習慣があった。例えば生まれたばかりの子が最初に着る着物は、表は赤、袷仕立ては裏に黄色か白の布を取り合わせたものと決まっていた。ひな節句は3月3日でなく、旧暦の8月1日に行い、ひな人形に飾り団子や餅を供える、といった具合だ。婚礼は、自宅に来賓や親戚を招いて開くのが通例だった。その際、メンタイという煮付けた鯛にそうめんを添えた大皿料理を締めに出した。こうしたハレの日に使う食器や儀礼用品は、今も古い民家の蔵や屋根裏で保管されており、独自の民俗を伝える貴重な品となっている。

食卓布

婚礼の席で
大皿料理にかけた。
（堺谷家収蔵）

椀

出自は不明。
蒔絵が施されている。
（堺谷家収蔵）

ひな人形

初節句のときは
7月末から飾り付けた。
（堺谷家収蔵）

常生活の一部である剪定は、幕府領(→#18)の時代から育まれてきた高い美意識の現れといえるだろう。再開発や観光事業を通じてアート作品やアートイベントが島に上陸してきた際、その斬新さに戸惑うことはあっても大きな抵抗はなく、島民は様子を見ながら受け入れていった。ジャンルこそ異なれど、アーティストと島民の間に美という共通の価値観が存在していたことで、スムーズな融合が成し遂げられたのである。

古い民家の室内には立派な神棚が据えられている。廻船業(→#15)や塩業に従事していた歴史をもつ家では、一間の幅をもつ神棚を見かけることがある。祭神は天照大神が多いが、船を使う仕事に関わってきた家では金毘羅さんを祀っている。室内の建具には、明らかに古い年代の様式が見受けられる。欄間では、凝ったデザインの彫刻欄間や手間のかかる透かし彫り欄間が残されている。障子戸は関西圏に多い縦長の組子を使ったもののほか、床の間の横に張り出した付け書院に書院障子を配した瀟洒なつくりもある。また、夏を迎えると、夏障子と呼ばれる葦戸に設えを変えることも。京都や金沢などの古都ではなく、小さな島でこうした建具や様式が代々継承されてきたことは特筆に値する。実際に古くから続く民家に住んでいる島民は、「維持に手間がかかるのは事実。しかし、親や祖父母の代から続いてきたことだから、伝統を守るというほどの意識はない。いわば習慣であり、当たり前と思っている」という。

民具は数多くの家に残されている。ただし、生活様式が大きく変わった現在、実用に向くものは少ない。また、直島は高潮の被害を受けやすく、廃棄せざるをえない事態に陥ることがあり、一部の民家では自宅に残る民具を博物館に寄贈している。掛け軸や置物など使い続けられるものも、高潮の可能性があるときには、高い場所に移動させるといった措置をとっている。

世代交代が進み生活が近代化されるにしたがって、建物も建具も民具も、その希少性や価値を知る島民は減ってきている。しかし、美術的価値や学術的評価とは無縁なところで、島民は歴史や文化を伝える存在として大切に扱っている。こうした姿勢も、高い文化水準を支えている理由の一つと考えられる。

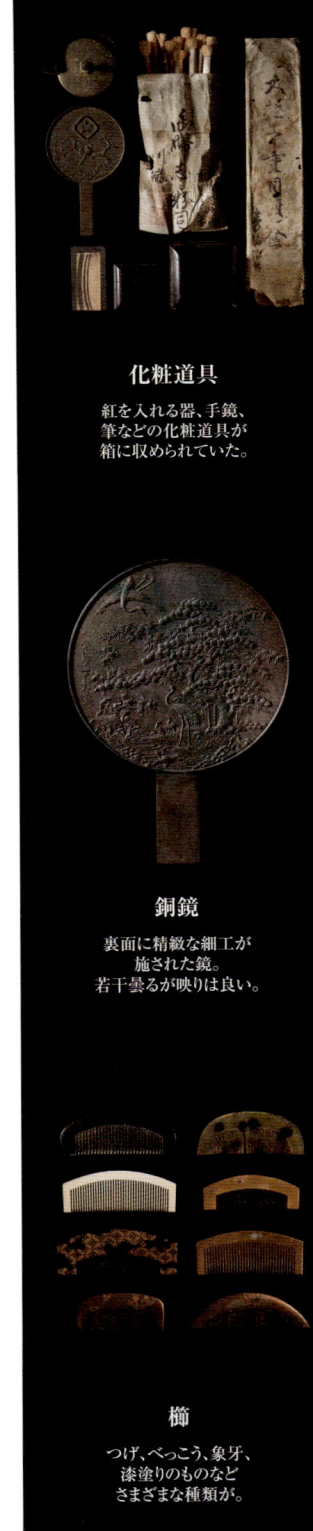

蔵に残されていた民具が情景を蘇らせる

郵便局の仕事をしてきたことから、〝きょく〟の屋号をもつ堺谷家。その住まいは旧廻船問屋の民家で、蔵や屋根裏には古い民具がたくさん保管されている。

化粧道具

紅を入れる器、手鏡、筆などの化粧道具が箱に収められていた。

銅鏡

裏面に精緻な細工が施された鏡。若干曇るが映りは良い。

櫛

つげ、べっこう、象牙、漆塗りのものなどさまざまな種類が。

裁《さい》縫《ほう》箱《ばこ》

柱に針山が付いた
裁縫箱。
引き出しには針も。

半裃《はんがみしも》の肩衣《かたぎぬ》

子ども用のサイズで
祭りや祝いごとに
使われたと思われる。

郵便局のバッジ

年代的には新しい。
先代か先々代が
所有していたらしい。

旅行道具

システム手帳サイズの
ケースに
握りばさみなどを収納。

半裃の半袴《はんばかま》

上段の肩衣と対に
なっていた袴。
腰板に紋が入っていた。

掛け軸

年代やモチーフは不明。
廻船問屋時代の
ものと思われる。

秤《はかり》

分解すると、
すべてのパーツを
下部の箱に収納できる。

木《き》枕《まくら》

船枕のような
収納機能はなく
自宅用と推測される。

矢《や》立《たて》

筆と墨壺を
組み合わせた
携帯用の筆記具。

Chapter 1 Naoshima Tradition

Keyword #6

Naoshima Noren Project

直島のれんプロジェクト

伝統とアートが結び付いた
家々ののれん。
その先にあったのは
島民の意識の変化であった。

代々郵便局の仕事に携わったことから、〝きょく〟の屋号をもつ堺谷家ののれん。路地裏で風に揺れる。

家門を飾る、色とりどりの伝統アート

左の堺谷家と隣接した石川家ののれん。のれんの奥には、大きな松を配した美しい庭が広がっている。

焼杉板の家並みに
色鮮やかな
のれんが現れる

直島で見られる各種アート作品は、当初は外部から流入した文化であった。島民自身が、アート作品を島の財産と認識するまでには、いくつかの転機を経ている。その一つが「本村のれんプロジェクト」だ。

1990年代から、直島では次々とアート作品やアートイベントが増えていった。そして2001年（平成13）、島内の家や施設、路地を舞台とした展覧会「スタンダード」が開かれた。このとき、関連イベントとして企画されたのが本村のれんプロジェクトである。プロジェクトの中心となったのは、岡山県在住の染色作家、加納容子である。加納は本村集落の家に協力を仰ぎ、門や玄関口にさまざまなのれんをかける作品「のれん路地」を発表したのである。実際の制作においては、事前にのれんをかける希望者を募る形がとられ、家ごとの由来や特徴を反映しながらデザインが決められていったという。

当初、この作品は14軒の家を対象としていた。しかし、2004年（平成16）には「本村のれんプロジェクト実行委員会（現直島のれんプロジェクト実行委員会）」が立ち上げられ、のれんの種類も掲げる家も増えていく。アートは鑑賞するだけのものではなく、自ら参加できるもの、身近なもの、という認識が広まっていったのだ。

また、町役場では「直島町まちづくり景観整備計画」に基づき、2001年（平成13）から新たなプロジェクトを立ち上げた。本村地区に残る屋号を目に見える形で掲示するというものだ。もともと直島には屋号をもつ家が多く、一部では屋号で呼ぶ習慣が残っていた。なかでも本村地区は100軒近くの家々が屋号をもっており、2002年（平成14）には46軒の屋号プレートを設置、歴史とアートを融合させた「直島屋号プロジェクト」を実施したのである。現在、多くの観光客がカメラを向けるのれんと屋号は、直島の歴史を再認識できる存在となっている。

Profile

加納容子

かのう・ようこ／岡山県出身。ひのき草木染織工房主宰。大学で染織を学ぶ。岡山県真庭市勝山町の町並み保存地区に作家デザインののれんを広め、2008年に「のれんによるまちづくり」で第42回SDA賞特別賞受賞。

Column

生活に結び付いたニックネームをもつ直島の人たち

直島
屋号プロジェクト

金属プレートに記された屋号を各民家に掲示する、町役場主導のプロジェクト。屋号マップは町役場でもらえる。

直島町役場
総務課企画電算室
● 087-892-2020
● 受付時間／9:00～16:00

Column

島の歴史から現代アートまで、本村地区はガイドにお任せ

直島町観光
ボランティアガイド

郷土史研究会を母体に創設したボランティアガイド。古い家並みとアートが同居する本村地区を中心に、新旧の歴史や文化を案内。

直島町観光協会
● 087-892-2299
● 日時は電話にて要相談
● www.naoshima.net

旅館、飲食店、ギャラリー、個人宅など、いろいろなところにのれんが掛けられている。由来を知ると、集落内の各戸の関係性が見えてくる。

かつてのタバコ屋。
丸くくりぬかれた
戸の取っ手をイメージ。
2001年

庭にある手入れの
行き届いた立派な松を
描いた。2001年

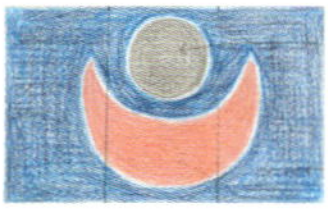

茶道を嗜む家で、
茶道具に直島の花の
ピンクを取り入れた。2001年

だんだんと大きくなる丸が
温かく、楽しい家を表す。
2006年

鍵穴の花形を
あえて手描きの
くずした形に。2001年

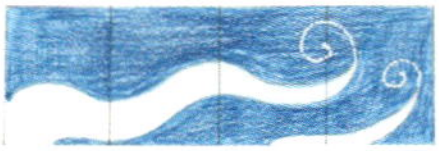

押し寄せる瀬戸内海の
波をイメージ。
2001年

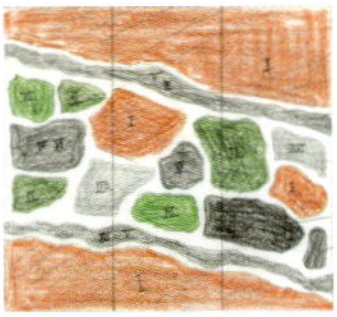

家の見事な土塀に
詰められた瓦を描いた。
2001年

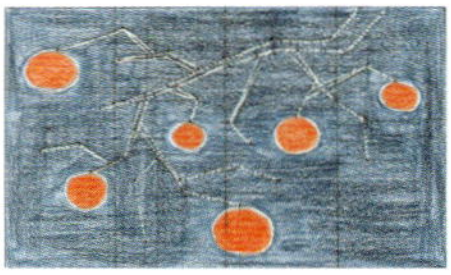

庭にあった
柿の木をモチーフに。
2009年

直島で見られる加納作品の、デザイン画

かつての薬屋は
薬包をイメージして。
2009年

とっくりと
おちょこで酒屋の印。
2006年

竹でできた塀に囲まれた家の
竹のグリーンを用いて。
2005年

いろんなモノが売られ
たくさんの人が集まる
「直島生協」。2010年

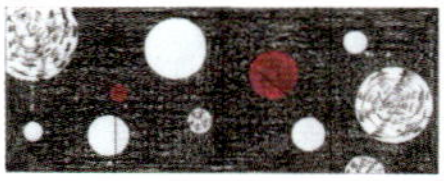

シックで落ち着いたカフェを
イメージした「ひいな」の
のれん。2007年

両側を土塀に囲まれ
石畳の階段を上がって行く
家を描いた。2006年

潮の流れで色が変わる
大海原の筋を表現。
2009年

狭い小径を抜けると
その先にあるかわいらしい家。
2006年

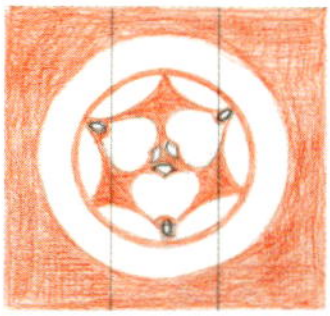

“きょく”（郵便局）の家の
家紋、三つ竜胆茶の実。
2001年、2011年

加山雄三世代の
憧れをのれんに。
2011年

船の丸窓から眺める
たゆたう海を表現。
2001年

海にまつわる家の家紋を
もとにデザインした
苦心作。2001年

庭の一角にあった
色とりどりの
小高い山をイメージ。2001年

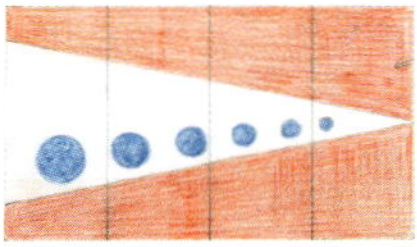

細い路地の右側、
行きつく先に温かい家が。
2005年、2011年

かつて藍を建てていた紺屋は
藍染めののれんに。
2001年

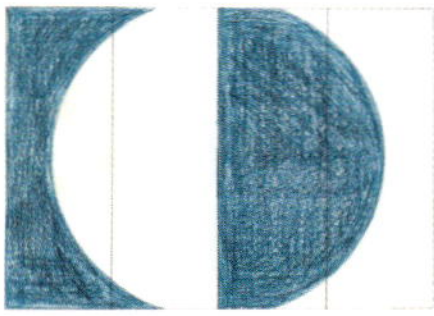

地球と海を相手に
商売をしていた
商人の証を表現。2001年

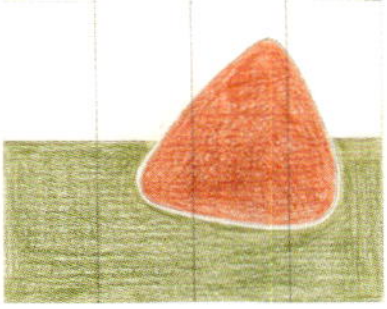

直島のすぐ近くにある
おにぎり形の島を描いた。
2001年

島から見える瀬戸内海の
風景を赤一色で表現した。
2007年

海と川の合流点に美しい石垣を造った
父上の業績をたたえて。
2009年

明るく楽しげな雰囲気を表した
「みやげ屋」ののれん。
2010年

心にも体にもやさしいごはんが
いただける「玄米心食あいすなお」の
のれん。2005年

せんべい屋さんで古くからある
せんべいの型をモチーフに。
2006年

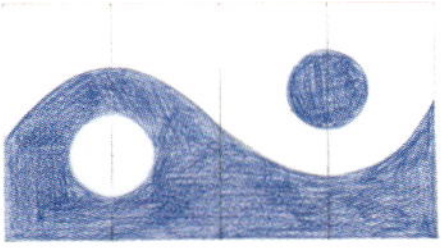

海に囲まれた直島の
ロケーションをイメージし、
シンプルに反転させた。2011年

庭に植木がたくさんあり、
緑や花に囲まれた家。
2006年

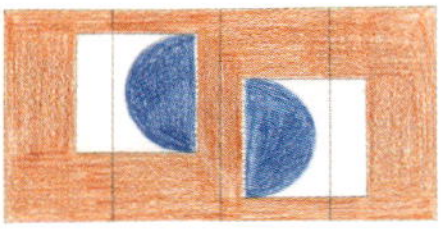

奥まったところにある
格子戸を開けると
おもてなしが。2006年

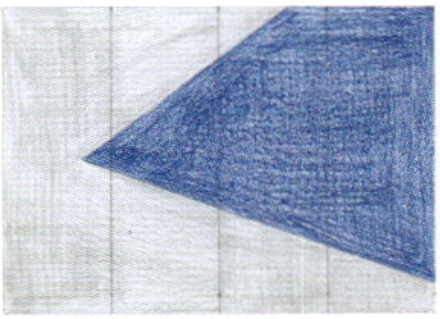

道のとがったところにある
「石井商店」ののれん。
2006年

今も語り継がれる
伝承と伝説。
直島という名の言い伝えも
歴史とともに色褪せることはない。

第2章　直島テイルズ

Chapter

2

Naoshima Tales

いにしえ物語。

Sumiyoshi Shrine

住吉神社

応神天皇とゆかりが深く
その母、神功皇后を祀る住吉神社は、
航海安全の守護神として崇敬され
直島の海を守ってきた。

応神天皇が休息した腰掛岩が残る、航海安全の守り神

直島の住吉神社に足跡が伝わる応神天皇。松平定信編纂『古画類聚』より。(東京国立博物館所蔵、Image:TNM Image Archives)

応神天皇が直島に上陸した際に腰掛けたとされる「応神天皇腰掛岩」。

Column

祭神、神功皇后と神の子 応神天皇

『日本書紀』などによれば、神功皇后は夫の仲哀天皇と熊襲征伐に赴くも、志半ばで天皇が崩御。熊襲ではなく新羅を攻めよとの神託を受けた神功皇后は、お腹に応神天皇を宿したまま海を渡り、勝利を収める。そして帰還後、応神天皇を出産し、摂政として政権の実権を握る一方、応神天皇も大陸の文化や産業を輸入するなど新しい国づくりに取り組み、神徳も強く現れたと伝えられている。

「海の駅なおしま」(→#41)から島に足を踏み入れ、最初に目に入るのが住吉神社だ。『讃岐国直島村郷社八幡神社社記』によればその昔、応神《おうじん》天皇は「兄媛《えひめ》」と呼ばれる女性が郷里へ帰ったあとを慕い、難波の津から船出して瀬戸内を巡幸した際、風待ちのために直島の西の浦に立ち寄る。このとき船から岸にあがった天皇は、浜辺の岩に座るのだが、この岩が現在、境内に残る「応神天皇腰掛岩」だと伝えられている。

天皇は島で4日過ごしたとされるが、その間に島の人々は東の丘に御仮屋《おかりや》を立て、食事を供して礼拝したという。そしてついに順風を得た天皇が、目指す吉備の葦守《あしもり》宮に向かって船出するにあたっては、海路の案内も務めたと社記には記されている。

もともと住吉神社は、住吉三神といわれる底筒男命《そこつつのおのみこと》、中筒男命《なかつつのおのみこと》、表筒男命《うわつつのおのみこと》、そして息長足姫命《おきながたらしひめのみこと》こと神功《じんぐう》皇后を祀り、住吉大社（大阪）を総本社とする。いにしえより航海安全の守護神として崇敬されるが、それは神功皇后による三《さん》韓征伐《かんせいばつ》(新羅《しらぎ》征伐)に際し、住吉三神が航海の安全を守護して勝利に導いたことが由来。無事に帰還した神功皇后も、住吉大社を創建して住吉三神を祀ったと伝えられるが、その後は皇后も祀られる。そして伝説の女傑として歴史に名を残す神功皇后は、明治になると改造紙幣に肖像が用いられ、日本初の女性肖像紙幣(写真提供／日本銀行貨幣博物館所蔵)のモデルにもなっている。

なお、この神功皇后こそが前述の応神天皇の母であり、後に応神天皇が八幡神として祀られるようになると、住吉神はその祖神とされる。そして住吉神が海の神様であるのに対し、八幡神は陸の神様として崇められるようになるのは、直島においても同じである。

海上交通の要衝にして、漁業も盛んだった直島では、大切な神様だった。今も宮ノ浦地区の鎮守神である。

住吉神社

- 香川郡直島町宮ノ浦3776-3
- 087-892-2299(直島町観光協会)
- 地図／P251

Hachiman Shrine

八幡神社

瀬戸内を巡幸した応神天皇が
島に立ち寄ったのを縁とし、
島人は天皇を祭神に迎え八幡大神として奉祭。
島の氏神様として今日に伝わる。

八幡山に祀られた、島の氏神様

境内のご神木の、見上げるほどの大きさに、神社が積み重ねてきた歴史を感じる。

四神をかたどった祭りの道具は、かつて行列の際に手にもちその四方を守った。

江戸初期建立の鳥居をくぐり、随神門を抜けた先に狛犬に守られた社殿がある。

境内にある貴船神社は五穀豊穣、大漁の神様として、島の人に崇敬されている。

直島に立ち寄ったとされる応神天皇を祀り、秋の大祭は島最大のお祭り

直島にある八幡神社の祭神は、応神《おうじん》天皇とその両親である仲哀《ちゅうあい》天皇・神功《じんぐう》皇后の三柱で、島の氏神様だ。応神天皇が271年に直島に立ち寄ったのを縁とし、42年後に島の人たちは応神天皇を祭神に迎え、八幡大《はちまんおお》神《かみ》として奉祭したと『讃岐国直島村郷社八幡神社社記』には記されている。しかし実際のところは、全国の八幡宮・八幡神社の総本宮として知られる宇佐神宮（大分県）の創建が奈良時代であったことからも、「直島八幡神社の創建も、平安時代の後期より古くはないものと

考えられる」と『直島町史』は指摘する。

同社は1359年（延文4）に社殿を全焼し、崇徳上皇（→#9）の院宣なども焼失。責任を感じた神主、竹田与四郎氏定が島外へ去ったこともあり、島内の名家にして温厚篤実な三宅左馬頭氏正が後任に。以後、代々三宅家が神主を務め、近代直島の礎を築いた元町長、三宅親連（→#21）も子孫として役目を果たしている。

その後、1601年（慶長6）に領主、高原次勝により再興。現社殿は1935年（昭和10）の再築だが、直島産の花崗岩でできた明神鳥居は江戸初期特有の重厚な姿を今に伝える。また、秋の大祭は島最大の祭り（→#2）だ。

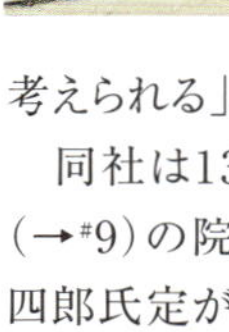

Column

復元された木造随神像

「直島スタンダード2」開催に合わせ、美術家、三輪途道の監修の下、随神門にある江戸期の作とされる左右一対の随神像が復元修理された。容姿が整えられ、新たに彩色されて、仏敵を払う仁王のように祭神を守る。

八幡神社　● 香川郡直島町738　●地図／P252

社殿は1359年に焼失するも1396年に再築、1601年に領主・高原次勝により再興。そして現在の建物は、昭和に入って建て替えられた。

Keyword #9

The Retired Emperor Sutoku / 1119~1164

崇徳上皇

元永2年〜長寛2年

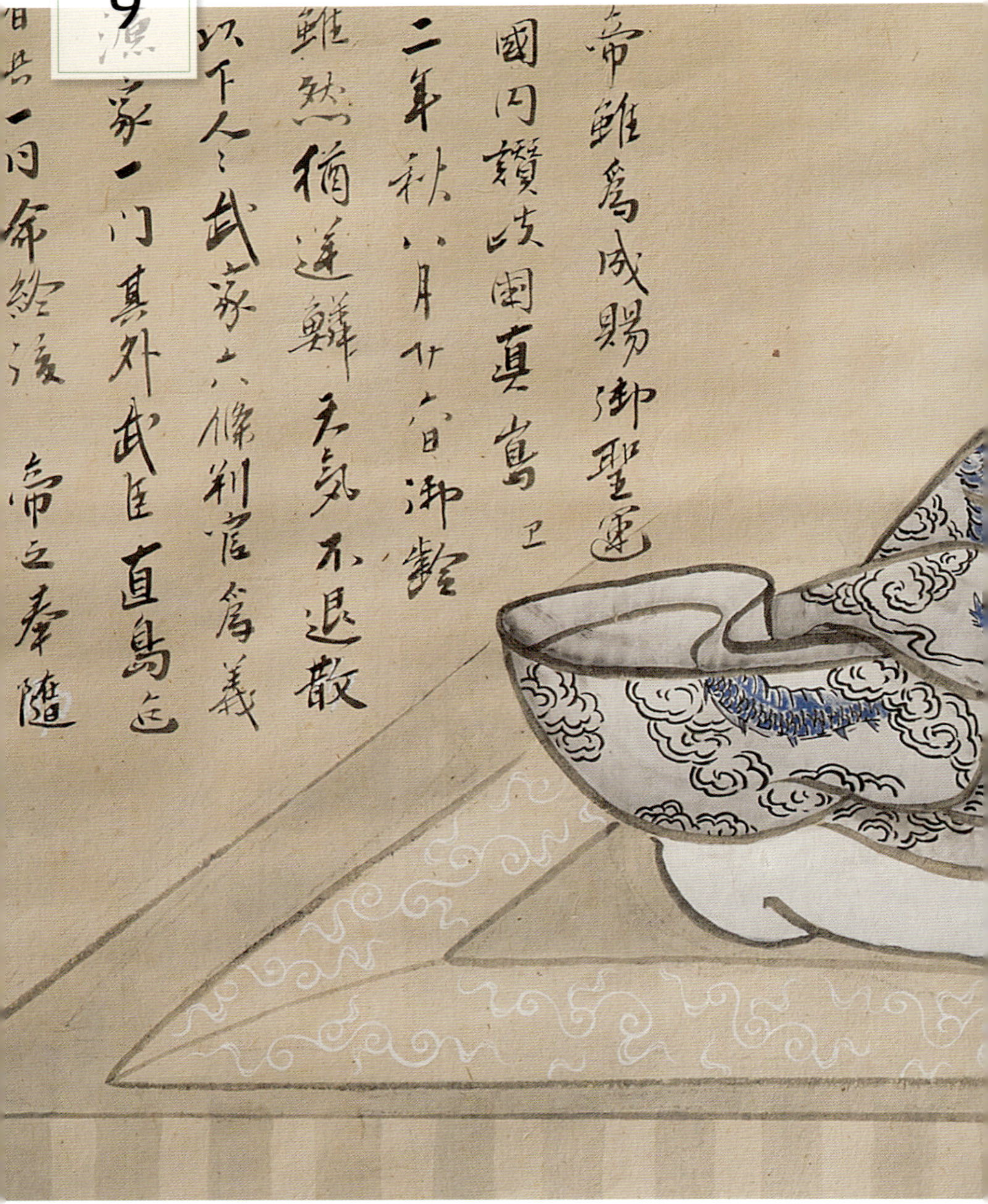

保元の乱に敗れ讃岐へと配流された際、
直島に滞在したとも伝えられ
島にはさまざまな逸話が残る。

直島の名付け親ともいわれ
島民に敬慕される
悲運の帝

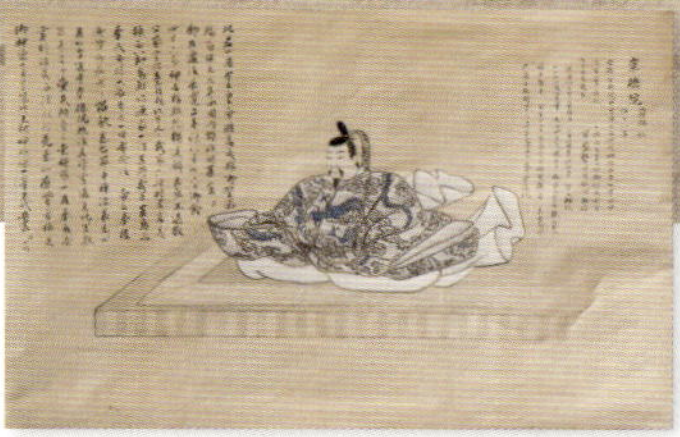

『崇徳院御神像』

直島の旧庄屋、三宅家に古くから伝わる御影。作者不詳、年代不詳だが、直島の人たちにとって、崇徳上皇が特別な存在であることを示す資料の一つ。上皇は今も昔も島の守り神。

皇位継承を争い朝廷を二分した保元の乱

『保元・平治合戦図屏風』

↑右隻に保元の乱、左隻に平治の乱が描かれた、江戸時代の六曲一双の屏風で、写真は前者の一部分。義朝軍に攻め込まれ、崇徳上皇方が敗走する姿が左下に描写されている。(仁和寺所蔵)

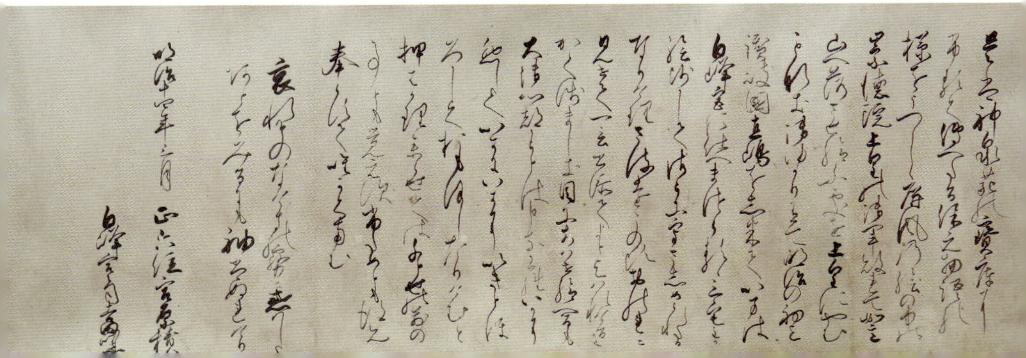

政変に敗れ、
崇徳上皇は
讃岐に流される

『保元絵巻』

↓直島の旧庄屋、三宅家に伝わる「崇徳上皇敗戦後家臣と逃走の図」と題された絵巻物。

讃岐で不遇な晩年を送り 怨霊伝説も残されているが、 直島にとっては大切な存在

直島には、古くから崇徳上皇に関する伝承が残されており、一説にはその地名も上皇によって名付けられたとされる。

崇徳上皇は鳥羽《とば》天皇の第一皇子で、母は藤原公実《ふじわらのきんざね》の娘、待賢門院璋子《たいけんもんいんたまこ》とされているが、実は鳥羽天皇の父である白河院、つまり祖父と母との間に生まれた子ともいわれている。そのため上皇は父から疎まれたとも伝えられており、現に白河院が没して鳥羽院が院政を開始すると、異母弟である近衛《このえ》天皇即位のため、天皇の地位から退位させられてしまうのである。それでも近衛天皇が19歳で没し、しかも子どもがいなかったことから、上皇は当然の順位として、自分の子である重仁《しげひと》親王が即位できるものと期待した。ところが、少納言の地位にあった僧、信西《しんぜい》の画策により、鳥羽院が強引に上皇の実弟である雅仁《まさひと》親王（後白河天皇）を皇位に就けたことで、上皇はわが子を天皇にすることも、またそれによって自ら院政を開き、政権を握る望みも断たれてしまう。そしてこの皇位継承問題が、1156年（保元元）の保元《ほうげん》の乱へとつながっていくのだが、上皇はこの政変にも敗れ、讃岐国《さぬきのくに》へ配流となるのである。

配流後の崇徳上皇の動静については、朝廷から追われた人物ということもあり、正史などに概略が伝わる程度とされるが、それが逆にさまざまな伝承を生むこととなり、『保元物語』『源平盛衰記』『平家物語』といった諸本のモチーフとなっていく。とりわけ配流の道順についての記述を見ていくと、直島に立ち寄ったことも容易に想像され、また直島においても島と上皇の関係を伝える資料として、『崇徳天皇神社由緒書』『崇徳天皇宮棟札写』『旧庄屋三宅家由緒書』『社家三宅家家譜』『故新伝』『直嶋旧跡順覧図絵』などが現存している。そして、これらが伝えるところによれば、保元の乱に敗れて讃岐に配流された崇徳上皇は、讃岐において自らが過ごす御所が完成していないことから、初めの3年間を直島の行在所に滞在したという。そして自分に奉仕する島民の純真な心に胸を打たれた上皇は、素直な心をもった人々が住む島という意味を込め、「直島」と名付けたとい

数々の資料が 保元の乱後の 上皇を伝える

江戸時代の『保元・平治物語絵巻』（下／海の見える杜美術館所蔵）には、上皇配流の場面も。その後、上皇は讃岐で5部の大乗経を血書。明治時代の菊池容斎による『崇徳上皇御影』（右／金刀比羅宮所蔵）は、その様子を伝える。

Column

皇位継承と 摂関家の 内紛により勃発。 朝廷を二分した 内乱「保元の乱」

崇徳上皇と後白河天皇とによる、皇位継承を巡る争いが「保元の乱」の引き金に。だが実際には皇室だけでなく、藤原頼長と忠通の摂関家の争い、新興の武家である源・平両氏の親子兄弟間の対立が複雑にからみ合っての武力衝突となった。この内乱を契機に時代は中世へと移り、武士の政界進出を促すことになる。

うことである。ただ、後白河法皇が選んだ今様《いまよう》（当時の流行歌）を集めた『梁塵秘抄《りょうじんひしょう》』からは、讃岐に流された後、ある時期を直島で過ごしたことが考えられ、必ずしも直島の伝承通りではないようだ。

なお、讃岐に渡った崇徳上皇は8年後、46歳で亡くなっている。けれども後白河院は、その死を悼むどころか無視し、朝廷による葬礼を行わなかったため、上皇は国司らによって白峰で荼毘《だび》に付される。そのため後年、後白河院は自分に近い人たちが次々と死去し、世の秩序が乱れて事件や災害が続発するに至り、上皇に対する侮蔑を込めた「讃岐院」から「崇徳院」へと院号を改め、鎮魂に努めることになるのだが、このとき定着した崇徳上皇へのイメージが、後の『雨月物《うげつもの》語《がたり》』や『椿説弓張月《ちんせつゆみはりづき》』などに描かれる怨霊伝説となっていくのである。

島に伝わる数々の資料が、上皇への敬慕を示す。

江戸時代後期の画家、佐藤正持作『崇徳院　直島御滞在』などが島には残る。（三宅家所蔵）

しかし一方で、上皇は四国の守り神としての伝説も残されており、『金毘羅参詣名所図会』や『白峯寺縁起』には、承久《じょうきゅう》の乱で土佐に配流された土御門《つちみかど》上皇、さらには南北朝から室町にかけての時代に四国平定に乗り出す細川頼之《よりゆき》らを守護したとも記されている。そしてこれはいうまでもないことだが、崇徳上皇に対する深い敬慕の念をもつ直島の人たちにとっては、上皇は昔も今も島の大切な守護神である。

ちなみに生前、帰京を強く望んでいた崇徳上皇の願いは1868年（明治元）、幕末の思想家、中瑞雲斎《なかずいうんさい》の活躍によって叶えられることになる。明治天皇が自らの即位に際し彼を讃岐に派遣、上皇の御霊を京都へと遷し、白峯《しらみね》神宮を創建するのである。崇徳上皇の没後から数えて、704年目のことである。

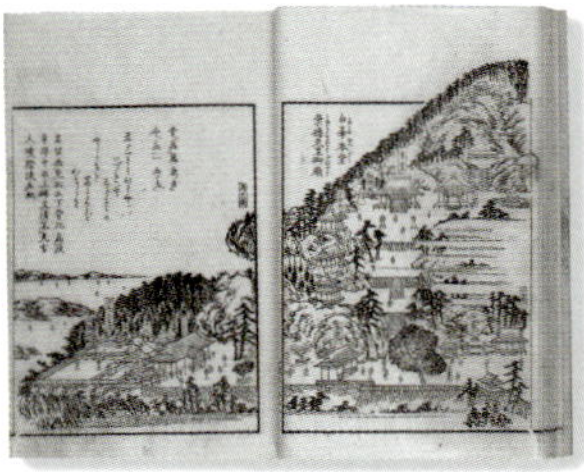

崇徳上皇が永眠する白峯のことも

江戸時代の『金毘羅参詣名所図会』は、上皇のことなどについて記述。（香川県立ミュージアム所蔵）

直島には数々のいい伝えとともに、至るところに崇徳上皇の足跡が残る。失意のどん底にあった上皇も、島の美しい自然と周囲の人々のやさしい心遣いに、きっと救われたはずだ。

崇徳上皇の足跡を巡る／直島編

1 泊ヶ浦《とまりがうら》

一行が到着した行在所跡

崇徳上皇一行が到着し、「ここにも、しばし泊まりきや」と上皇がいったことから、この名が付いたと伝わる行在所跡。

2 琴弾地の浜《ごたんじのはま》

琴の音色が寂しさを慰める

上皇を慕って京都から追いかけてきた姫が、失意の底にある上皇を慰めようと、浜で琴を弾いたことが地名の由来。（地図／P253）

3 納言様《なごんさま》

島の人は今も親しみを込め呼ぶ

上皇を慕い、大・中・少納言といった官職を得ていた人たちも直島に。彼らの船が着いた浜を、島の人は納言様と呼ぶ。

4 京の上臈島《きょうのじょうろうじま》

上皇を巡る女たちの戦い

京都の身分の高い女性「上臈」と島の女性が、上皇を巡って激しく争う。そこでふたりとも無人島に流され島の名に。

5 波無の浦《はぶのうら》

幸せな日々が続くことを願って

上皇の祈りで波が収まったことに由来。上皇には心穏やかに過ごして欲しいという、島民の願いも込められている。

6 能見の浜《のうみのはま》

上皇と島民の交流を伝える

宮中での暮らしを懐かしみ、上皇が従者や島の人々に能を鑑賞させた場所であることから、この名が付いたという。

7 葛島《かつらじま》

沖合に浮かぶ能舞台の島

上皇が島の人たちとともに行った能見の浜での能の鑑賞では、沖合にあった葛島が舞台となったと伝えられている。そして、そのときの演目が「葛の舞」だったことから、現在の島名が付けられたとも。ちなみに、このとき能を舞ったのは源義実だったと伝わる。

8 崇徳天皇神社

上皇の心は島民たちとともに

上皇が讃岐へと発つ際、見送りに来た島の長者たちに、「もし私が配所の土となったならば祀って欲しい」と忘れ貝を託す。島の人たちはこの言葉を大切に受け止め、上皇が亡くなるとその翌年、行在所のあった近くに小さな祠を建て、1664年に現在の桃山の頂上に近い場所に移す。

崇徳天皇神社
- 香川郡直島町618-2
- 087-892-2299（直島町観光協会）
- 地図／P253

崇徳上皇の足跡を巡る／讃岐編

讃岐の国司に護送され到着した地

松山の津《まつやまのつ》

保元の乱に敗れ配流となった崇徳上皇が、讃岐に初めて足を踏み入れた地が坂出市の松山地区とされる。ただ、直島に立ち寄ってから松山に着いたという説と、初めに松山に着き、それから直島に移されたという説があり、その順番は定かでない。松山地区は坂出市の中心部から東に約4kmの距離にあり、現在は海岸から離れているが、当時はこのあたりまで海だった。着岸の地には「崇徳天皇御着船地 松山津」という石碑が立ち、「浜ちどり 跡はみやこへかよへども 身は松山に音のみぞなく」と詠んだと記されているが、生まれ育った都を離れ、讃岐に着いた上皇の、故郷を恋しく思う気持ちが偲ばれる。

松山の津の石碑
- 坂出市高屋町1500-7
- 0877-44-5036（坂出市教育委員会）
- 地図／P248

御所の準備が整うまでの間の仮住まい

雲井御所《くもいごしょ》

御所ができるまでの間、上皇が過ごした仮住まいが「雲井御所」。実は昔、その場所が定かでなかったことを9代高松藩主、松平頼恕が嘆き、1835年にそれを特定、今に伝わる碑を立てた。しかし、この碑がある場所から綾川を挟んだ反対側の地に「長命寺」の跡碑が立っており、この長命寺こそが雲井御所だったという説もある。江戸時代の郷土史に記述が残されていることがその根拠だが、いずれにしろ両者の距離は歩いて5分程度なので、この界隈に雲井御所があったことは確かなよう。なお、雲井の名は「ここもまた あらぬ雲井となりにけり　空行く月の影にまかせて」と詠んだ上皇の歌にちなむという。

雲井御所
- 坂出市林田町772-2
- 0877-44-5036（坂出市教育委員会）
- 地図／P248

暮らしぶりを今に伝える正式な行在所

木丸殿《このまるでん》

讃岐配流から約2年後の1158年に、崇徳上皇は雲井御所から、正式な行在所となる「木丸殿」に移ったとされる。現在は上皇を祀る「鼓岡神社」（写真下）となっているが、境内には1913年に没後750年祭を記念して建てられた、木丸殿を偲ぶ「擬古堂」（写真上）が残る。また、周辺には上皇が使用していた食器を埋めたとされる「盌塚」や、生活用水に用いた「内裏泉」なども伝わり、上皇の息遣いが感じられるのである。なお、坂出市には上皇は暗殺されたという説も江戸時代の地誌などに残されているが、真偽のほどは不明。

擬古堂（木丸殿）・鼓岡神社
- 坂出市府中町乙5116
- 0877-48-1936
- 地図／P248

遺体が安置され清水によって冷やされた

八十場《やそば》の清水

↓白峰宮　↓天皇寺

1164年8月26日、崇徳上皇はこの世を去る。死因は不明。葬礼の指示が都より下されるまでの間、上皇の遺体は現在の「白峰宮」「天皇寺」のある場所に安置され、その保存のため、神人の手によって近くの「八十場の清水」に20日余り浸けられたという。現在は、霊験あらたかな清水でつくったところてんが、当地の名物に。

白峰宮
- 坂出市西庄町1712
- 地図／P248

天皇寺
- 坂出市西庄町字天皇1713-2
- 0877-46-3508
- 地図／P248

讃岐に配流された崇徳上皇は、現在の坂出市で晩年を送り、その生涯を閉じる。ときに寂しさを感じながらも、そばに仕える人たちのやさしさに触れ、心穏やかに過ごしたようだ。

地元の人たちに手厚く葬られた永眠の地

白峯《しらみね》

←源為義塔

←源為朝塔

天皇一代ごとの年代記『皇代記』によれば、後白河院をはじめとする朝廷は、崇徳上皇の死の報せを無視し続け、ついには葬礼に関する指示を出さなかったという。結果として、讃岐の国司が葬儀を執り行うこととなり、現在の白峰宮に安置されていた遺体は白峰へと運ばれる。そして西北にある稚児ヶ嶽で荼毘に付されるのだが、これは上皇の遺言によるものと『白峯寺縁起』には記されており、それが今の「白峯御陵」である。御陵の脇には二つの供養塔が立ち、向かって右が「源為義塔」、左が「源為朝塔」と伝えられている。保元の乱において崇徳上皇方についた源氏の棟梁、為義と、その息子で数々の武勇伝を残した為朝が、今も上皇を守っているのである。ちなみに隣接する「白峯寺」は四国八十八ヶ所八十一番札所で、弘法大師が修業に訪れたことに由来するが、境内には「頓證寺殿」（写真）と呼ばれる堂宇がある。これは1191年に移築されたといわれる「木丸殿」を、初代高松藩主、松平頼重が再建したもので、源頼朝が寄進した灯籠も残されている。

↑白峯御陵

白峯寺
- 坂出市青海町2635
- 0877-47-0305
- 地図／P249

不思議な伝説が伝わる二つの神社

「血の宮」と「煙の宮」

白峰の麓には、高家神社（写真上）と青海神社という、二つの社がある。高家神社の境内には崇徳上皇葬送の途中、風雨をやりすごすために石（写真下）に棺を置いたところ、棺から石に血が滴り落ちたという伝説が残る。このことから別名「血の宮」と呼ばれる。一方、青海神社には、上皇が荼毘に付されたとき、その煙は天には昇らず山の麓へと流れ、その後には一つの玉が残されたという。そこで玉を祀るために建てられたのが、別名「煙の宮」こと青海神社である。

高家神社
- 坂出市高屋町878
- 0877-47-2759
- 地図／P249

青海神社
- 坂出市青海町1159
- 地図／P249

崇徳上皇の御霊を
京都に遷した
幕末の思想家

中瑞雲斎

1868年（明治元）、崇徳上皇の神霊は讃岐から京都へと遷されるが、一連の還幸《かんこう》において重要な役割を果たしたのが中瑞雲斎《なかずいうんさい》だ。世は幕末の時代、黒船来航以来の動乱を目の当たりにし、瑞雲斎はその原因を上皇の怨霊に因るものであり、鎮魂のためには上皇が強く望んでいた京都への還幸を実現し、神社を建立して祀り続ける必要があると、孝明・明治両天皇に建白。これが受け入れられ、瑞雲斎は「崇徳天皇神霊遷還御《しんれいせんかんご》用掛《ようがかり》」に任命され、白峯《しらみね》宮（現白峯神宮）を建立して崇徳上皇の神霊を京都へと遷す。その際、瑞雲斎は直島の庄屋を代々務めてきた三宅家の、源左衛門重国・方三郎親子が禰宜《ねぎ》として奉仕できるよう取り計らい、それを実現しているが、その背景には三宅家3代重行が上皇の子ともいわれ、同家の再興もまた鎮魂につながると考えたからだとされる。

この一連の出来事は、瑞雲斎の個人的な構想により実現されたものだが、混乱した社会状況にあってはそれだけ上皇の還幸、その後の祭祀が重要であると考えられた。その証拠に当時は戊辰《ぼしん》戦争の最中でもあり、明治天皇は上皇の御霊に国家の安寧を祈願したと記録されている。

白峯神宮の「闘魂守」は、スポーツ選手のお守りとして有名

京都の風物詩「蹴鞠」は淳仁天皇祭と精大明神祭で奉納される。

白峯神宮

↑崇徳天皇と淳仁天皇を祀る。宮地は平安時代から続く和歌・蹴鞠の公卿宗家「飛鳥井家」邸宅があった場所で、同家が邸内に守護神「精大明神」を祀ってきたことから同宮もその祭祀を受け継ぎ、春の淳仁天皇祭には「蹴鞠」が奉納されるなど、スポーツの守護神としても親しまれている。また、崇徳天皇祭では「薪能」が奉納され、京都の秋の夜を彩る。（写真提供／白峯神宮）

● 京都府京都市上京区今出川通り堀川東入飛鳥井町261
● 075-441-3810

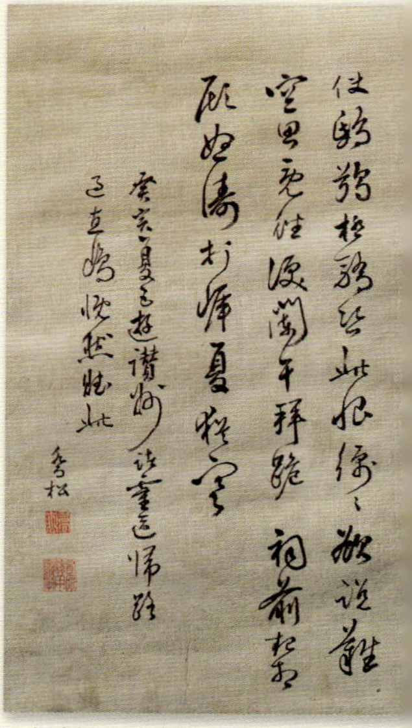

旧庄屋、三宅家には、白峯宮への奉仕に関する書類が残されている。

中家住宅

↓中家は大阪・泉南地方の旧家で、中世には同地方の政治・経済の担い手として、近世には庄屋として活躍。江戸時代に建てられた主屋は国の重要文化財。

● 大阪府泉南郡熊取町五門西1-11-18
● 072-453-0391
（熊取町教育委員会生涯学習推進課）

由緒ある名家の住宅は往時の隆盛と息吹を伝え、傑物を多く輩出した。

保元の乱により讃岐へと配流となって以降、帰京の願いを果たせぬまま同地で生涯を閉じた崇徳上皇だったが、幕末のひとりの思想家の運動によって、その御霊は700年ぶりに京都へと帰り、白峯神宮に大切に祀られている。

Profile

中瑞雲斎

なか・ずいうんさい／1807～1871年。平田国学に傾倒し、尊皇攘夷運動のなかで崇徳上皇神霊の京都還幸を建白するが、幕末の動乱が上皇の怨霊であると考えただけでなく、政権を朝廷に取り戻す王政復古の契機とする狙いもあった。現に瑞雲斎は明治政府樹立後も、政府高官、横井小楠の暗殺を支援し禁固刑を科せられているが、これも天皇への忠誠心によるところが大きかったとされる。（資料提供／熊取町教育委員会）

Keyword
#10

Minamoto no Tametomo / 1139~1170？

源為朝

保延5年～嘉応2年頃

七尺の大男にして容貌魁偉。
強弓の使い手にして勇猛果敢。
崇徳上皇のために戦い、
その生涯に多くの人が魅せられる。

崇徳上皇方に属して奮戦、数々の伝説を残す

『讃岐院
眷属をして
為朝をすくふ図』

歌川国芳により描かれた、『椿説弓張月』の一場面。船が難破しかけるところに、崇徳上皇の霊が眷属の烏天狗を使わし、為朝の家臣の魂が大鰐鮫に乗り移って、為朝一行を救う。（香川県立ミュージアム所蔵）

保元の乱で
獅子奮迅の大活躍。
武勇を馳せた歴史的ヒーロー

『保元《ほうげん》物語』などによれば、源為義《みなもとのためよし》の八男として生まれるも、13歳のときに父に勘当されて九州に追放。しかし豪勇にして弓矢に長じ、身長は七尺(2メートル10センチ)ほど。鎮西八郎《ちんぜいはちろう》と称して大暴れし、ついには九州を自らの勢力下におさめてしまったと伝わる伝説の武将が、源為朝だ。しかし、あまりの傍若無人ぶりから、朝廷より出頭の命を受けるものの、これに従わなかったために父が解官される。これを聞いて渋々上洛することになったという豪傑である。

それだけに保元の乱では、父の為義とともに崇徳上皇(→#9)方に属して大奮戦。多勢に無勢と見られる状況下で、矢1本でふたりを仕留めてしまうという強弓ぶりには、敵対した平清盛らも恐れおののいた。保元の乱は、後白河天皇方の夜襲により形勢が決まるが、実は為朝が先に夜討ちを献策し、また敵対する長兄の義朝が夜討ちを仕掛けてくることも予見。しかし左大臣、藤原頼長に受け入れられず、悔しがったと伝えられている。

最終的に敵方の軍門に降ったものの、同じく崇徳上皇方に与《くみ》した父や他の兄たちが斬首されるなか、為朝は武勇を惜しまれ、伊豆大島に流刑となる。だが、その伊豆大島でも大暴れし、伊豆七島を支配したとされる。他方、琉球王国の正史である『中山世鑑《ちゅうざんせいかん》』などによれば、為朝は追討を逃れて讃岐、九州、そして琉球へと渡り、その子が琉球王家始祖、舜天《しゅんてん》になったとも伝えられる。この伝説については曲亭馬琴作、葛飾北斎画の読本『椿説弓張月《ちんせつゆみはりづき》』に詳しいが、崇徳上皇に同情的な直島や讃岐の人たちは、もちろん後者の説を信じている。

Column

為朝の名を記した魔よけの貝で、災厄を払う

瀬戸内海では、アワビを戸口に吊して災厄よけにする風習がある。アワビには光の呪力があり、災厄を払うと信じられ、なかでも直島などのアワビの魔よけには、内側に「鎮西八郎為朝御宿」と墨書があるのが特徴。弓の達人だった猛将、為朝の存在を示すことで、災厄を払おうと考えられてきたのだ。

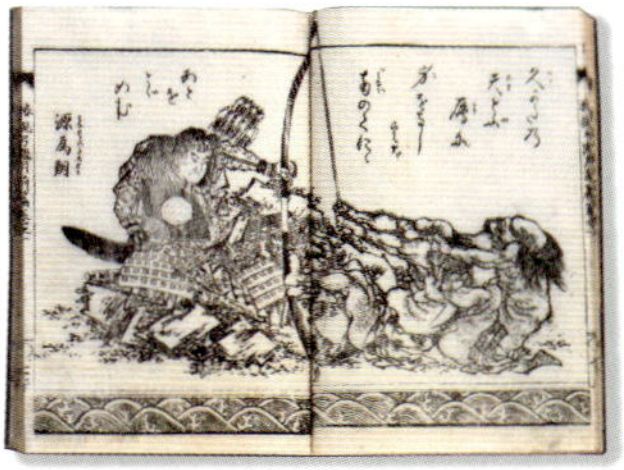

為朝が主人公の英雄小説『椿説弓張月』

←伊豆大島に流された源為朝が、讃岐、九州、そして琉球へと渡り、正義に生きる物語が展開される。(香川県立ミュージアム所蔵)

直島の名家に残る『崇徳院為朝白峯参拝図』

→旧庄屋の三宅家に伝わる、崇徳上皇と源為朝を題材にした色彩豊かな絵は、同家に逗留した江戸後期の画家、佐藤正持の作。

在明能弓
波里亘起
毛米具理
天者又左
志昇留影

→崇徳天皇神社の西行像

崇徳上皇は
歌仲間であり、
恋の悩みも打ち明けた
友でもあった。
その霊を慰める旅に
ふたりの友情を感じる。

Saigyo / 1118~1190

西行

元永元年〜建久元年

中国、そして四国を巡り、亡き友の怨霊を鎮める慰めの歌を詠む

崇徳上皇

西行が讃岐を訪れたのは1168年(仁安3)、崇徳上皇(→#9)が崩御して4年後のことだった。武士の家柄を捨て23歳で出家し、諸国を放浪して数多くの名歌を残してきた西行も51歳となり、中国・四国を巡る旅路の途中、上皇の霊を慰めようと白峰の御墓に立ち寄ったのだ。この場面は上田秋成作『雨月物語《うげつものがたり》』の一篇「白峯」にも出てくるが、髪を振り乱しながら荒れ狂う崇徳上皇の怨霊に対し、西行が「よしや君 昔の玉の床とても かからん後は 何にかはせん」と詠むと、上皇の表情が穏やかになり、やがて姿を消したと描かれている。

西行と崇徳上皇は、保元《ほうげん》の乱以前の宮中において、和歌を通じて深い親交を結んでいたことが知られており、ふたりの関係性を示すエピソードには事欠かない。上皇が保元の乱で敗れたあと、御所を逃れて仁和寺《にんなじ》に滞在すると、西行は朝敵となった上皇に面会するため、自ら

歌を通じて親交を深めたふたりの才人

崇徳上皇とは西行が出家する以前から繋がりがあった。そして、互いに和歌において天賦の才能をもつことを認め合い、上皇の死後もなお関わりをもち続けていた。

伊勢の海あこぎが浦に引く網も
度重なれば人もこそ知れ
崇徳上皇

思ひきや富士の高根に一夜ねて
雲の上なる月を見むとは
西行

『源平盛衰記』で出家前の西行が高貴な女性と恋に落ちた話で詠まれた歌。〝あこぎが浦に引く網〟(隠しごとも度重なれば広く知られる)という崇徳上皇からの忠告に対し、高貴な方と一夜を過ごしてみると、〝雲の上なる月〟(崇徳上皇)がおられるとは……と詠んでいる。この女性とは崇徳上皇の母親、待賢門院璋子ともいわれる。

最上川なべて引くらんいな舟の
しばしがほどはいかりおろさん
崇徳上皇

強く引く綱手と見せよ最上川
そのいな舟のいかりをさめて
西行

崇徳上皇の勅勘《ちょっかん》(天皇からの咎め)を蒙《こうむ》ったある人物の赦免を西行が願い出る。その答えとしてこのまま碇(怒り)を下ろしておくという思いの歌を詠んだ崇徳上皇に対し、〝強く引く綱手〟(私の切実な願い)をもって許して欲しいとの歌を詠む。この訴えに崇徳上皇は、勅勘を解き、許しを出したといわれる。

『雨月物語』

↓上田秋成による江戸期の読本『雨月物語』にある、「白峯」の一場面。白峰の御墓を詣でた西行が、崇徳上皇の亡霊と保元の乱の是非を巡って論争、上皇が魔王と化す。（香川県立ミュージアム所蔵）

西行

←西行が直島を訪れたかは不明。ただ島の人たちは、崇徳上皇を偲んで立ち寄ったと信じている。左は室町時代に描かれた『西行法師像』。（東京国立博物館所蔵、Image:TNM Image Archives）

西行

の危険を顧みず仁和寺に駆け付けたという。また、上皇が讃岐に流されて以降の西行は、その身をいたわり、心を慰めるための和歌を何度も送っている。

さらに、西行の出家にまつわる場面にも崇徳上皇が登場する。西行がある高貴な身分の女性に一目惚れし、身分違いの禁断の恋に苦悩した挙句に大失恋を味わい、それが出家のきっかけになったというのは有名な話。その間、上皇は「重なれば、人に知られるぞ」といった趣旨の和歌で西行の盲目ぶりを諌めたというが、実はその女性、上皇の実母、待《たい》賢《けん》門《もん》院《いん》璋《たま》子《こ》だったという説も。もしかすると上皇に対する西行の献身の裏には、その姿に待賢門院の影を重ねていたのかもしれない。

直島にある崇徳天皇神社には、本殿脇に西行の像が鎮座している。その姿は、人との関わり合いに心揺れるひとりの男としての西行を、今に伝えるのである。

かかる世に影も変はらず澄む月を
見る我が身さえ恨めしきかな
西行

言の葉の情絶えにし折節に
あり逢う身こそ悲しかりけれ
西行

保元の乱による崇徳上皇方の敗戦で、京都・仁和寺内に監視下に置かれた上皇のもとを訪れた西行が詠んだ歌は、想像を絶するときでさえも月が美しく、その月を美しいと見てしまう私は我ながら恨めしいと詠んでいる。また、崇徳上皇の讃岐配流によって和歌の道が衰退してしまったようだと嘆き、上皇への無念を感じさせる。

松山の波の景色は変らじを
君はかたなくなりましにけり
西行

よしや君昔の玉の床とても
かからん後は何にかはせん
西行

崇徳上皇崩御後4年の時を経て、西行は讃岐を訪れる。上皇の足跡を辿るがその痕跡がほとんどないことに驚き、〝松山の海の景色は以前から変わっていないが上皇の名残は跡形もない〟という感慨を込めて詠んだ歌。また白峰の御墓に詣で、〝こうなってしまってはもうどうにもならいではないですか〟という鎮魂の歌を詠んでいる。

Chapter 2 Naoshima Tales

Keyword #12

Yahatayama Gokuraku Temple

八幡山極楽寺

島唯一の寺は、文化財の宝庫

直島におけるただ一つの寺は
崇徳上皇の配流とともに現在の寺名に改められた。
そして領主であった高原家の
菩提寺が廃寺となった後は
直島における数々の歴史的資料を
今日へと伝える。

直島において
むかでは
豊漁の信仰対象

『むかで絵』

1899年に奉納された極楽寺に伝わるむかでの絵馬。鯛網が盛んだった当時、むかでの足のようにたくさんの鯛が捕れるようにと、漁師たちは大漁を願ってむかでの絵馬を奉納し、漁のはじまりには必ず参詣した。

崇徳上皇配流とともに寺名も改められ、高原家の墓標群も近くに

直島において、唯一の寺院として島民に親しまれているのが極楽寺だ。正式名称を「八幡山極楽寺長寿院」といい、八幡神社（→#8）の別当寺（神社に付属して置かれた寺院）である。『直島寺社由来記』によれば平安初期の貞観年間（859〜877年）に、聖宝《しょうぼう》（理源大師）が草庵を結んだのを開基とし、崇徳上皇（→#9）が配流されたときに寺名を改めたとされている。さらに『極楽寺縁起』には、至徳年間（1384〜1387年）に来島した増吽《ぞううん》大僧正が、崇徳上皇を追福するために御堂を建立し、海中より感得した弥陀の尊像を安置したという記述も残されており、以来、極楽寺の本尊は阿弥陀如来となっている。

極彩色に彩られた本堂の天井画。交通の要衝だっただけに異文化の影響も。

なお、極楽寺は文化財の宝庫でもある。山門は薬医門様式で本瓦葺き。鬼瓦には「元禄十四年」（1701年）とあり、扁《へん》額《がく》は直島領主であった高原家の分家、福岡黒田藩士高原次郎兵衛利定が安永年間（1772〜1781年）に寄進。筆は高辻中納言世長によるもの。本堂も1696年（元禄9）に建てられ、唐《から》破《は》風《ふ》向拝《こうはい》が付いた他に類例のない妻入りが特徴とされている。客殿も同時期に建立。明治の神仏分離太政官符によって八幡神社境内から寺内に移築された鐘楼《しょうろう》を含め、これらすべてが町指定の文化財である。また、朝鮮出兵に従軍した高原家が豊臣秀吉より拝領した涅槃図など、数多くの仏画も寺宝として伝えられており、高原家の墓標群も近くにある。

八幡山極楽寺　● 香川郡直島町字高田浦7388　●地図／P252

Column

領主、高原家の菩提を弔った「北の寺」

かつて八幡山の西麓には地蔵寺、極楽寺、高原寺の三寺が並び、順に南の寺、中の寺、北の寺と呼び親しまれた。なかでも北の寺は領主、高原家が近世初頭に修復再興して菩提寺とし、寺名を高原寺に。後に廃寺となるが、薬師堂が現存。

Column

「南の寺」に残されていた阿弥陀如来坐像

本堂に安置されている寄木造りの阿弥陀如来坐像は、もとは地蔵寺に伝来。坐高84.5cm、奥行50cm。彩色、箔押しが施されていたようだが、今はほとんど剥落している。造像手法や温和な表情から平安後期のものとされ、恵心僧都作とも。

高原次郎兵衛利定が寄進した扁額の先に、本堂が見える。山門も本堂も元禄期のもの。大工は塩飽諸島の宮大工と伝わる。

絹本著色釈迦涅槃図は、高原次勝が秀吉から拝領したもの。鐘楼も含め、多くの文化財が同寺に残る。

さまざまな文化と人が行き交った
瀬戸内だからこその繁栄。
直島の人々も
縦横無尽に海を渡った。

第3章　直島シーファリング

Chapter 3

Naoshima Seafaring

海に生きる。

『カモメの駐車場』（木村崇人） © Osamu Nakamura

Takahara Tsugutoshi / 1531~1619

高原次利

享禄4年～元和5年

**変転きわまりない乱世において
巧みに身を処し、
高原氏6代90年の基盤を
つくり上げる。**

織田、豊臣そして徳川へと続く激動の時代、直島は高原氏6代90年間の城下町だった。備前や讃岐の有力武将たちが次々と没落していくなか、高原家は江戸初期まで続いた数少ない名家であり、直島の初代領主として君臨したのが高原次利である。

次利は1531年（享禄4）に生まれ、変転きわまりない乱世において進退を誤ることなく巧みに身を処し、88歳で亡くなっている。高原家については崇徳上皇（→#9）に姓を与えられ、末代まで協力して島を守護するよう院宣を下された「直島六名（高原・三宅・立石・手塚・犬井（乾）・本郷）」の一員ともいわれているが、出自は定かでない。ただ、次利に関しては直島の社家である三宅家の『三宅家譜』に「然シ高原次利事、武略卓絶ニシテ、実ニソノ人ナリトイヘバ衆人モ許諾ス」とあるように、武術と知謀に優れ、人望の厚い人物だったとされる。そして豊臣秀吉が一躍歴史の表舞台へと躍り出ることになる「備中国高松城水攻め」では、島の人たちの推挙もあり、秀吉の誘いに応じ直島水軍を率いて参戦。海陸の案内役として軍功をたて、1582年（天正10）、直島・男木島・女木島（→#14）の3島600石の所領が許されるのである。

活躍を伝える『赤松之城水責之図』

↑歌川国芳によって描かれた「備中国高松城水攻め」の様子。次利は直島水軍を率いて活躍、その軍功により直島の初代領主になる。（東京都立中央図書館特別文庫室所蔵）

高原寺（廃寺）に残る高原6代の墓標群

←次利はキリシタンだったともいわれ、かつての菩提寺にある墓所にはキリシタン灯籠（右）も残る。（地図／P252）

朝鮮出兵など、秀吉からも信頼された直島水軍頭領

↑直島水軍の証、
高原家の船印「輪貫紋」を
掲げた船の姿も?

さらに秀吉の四国征伐、九州征伐、そして朝鮮出兵においても、息子、次勝とともに海上輸送の任務で大活躍。直島水軍の名を世に知らしめるとともに、次利は当時の島の中心集落であった積浦から本村への大移動を決断し、高原城を築城。城下町を整備し、島の生活基盤を整え、旗本巡見《じゅんけん》使《し》に「百石積以上の船三百艘もいたり」と記録されるような良港をつくり上げる。そしてピーク時には石高600石という小さな領地に対し、廻船総積石数9,000石超ともいわれる、その後の廻船業(→#15)の隆盛をもたらすのだ。

本村の東の丘にある高原家の居城跡

→高原家はお家騒動のため、1671年に改易。城も荒廃し、1781年の大火で焼失した。(地図/P252)

Column

縁の深い讃岐の大名生駒氏

次利や次勝の時代、讃岐を統治していたのが、秀吉の家臣として活躍していた生駒親正である。生駒氏は豊臣から徳川へと政権が交代しても、引き続き讃岐を支配することが認められていたこともあり、高原氏とも交流があったとされている。とりわけ秀吉の朝鮮出兵においては、船や水夫を供出するなどして、ともに活躍している。

生《い》駒《こま》親《ちか》正《まさ》

高松と丸亀に城を築いて領内支配の拠点とし、讃岐国を統一政権のもとに組み入れた立役者。その後4代続き、お家騒動により松平頼重と交代。(弘憲寺所蔵)

Column

高松藩松平家の船印は高原家のもの?

松平頼重が讃岐に入国する際、船を出したのが高原家だった。その後、高原家は改易となるが、直島水軍により無事入国できたことを吉例とし、その船印「輪貫紋」を松平家が継いだとも。

斜面に形成された集落が男木島の特徴。積まれた石垣の合間に細い路地が。男木島灯台からは交通量の多い本線航路を望める。

Keyword #14

男木島・女木島

冬期の女木島は山から強い季節風が吹き下り、波しぶきが家まで届く。海沿いでは「オーテ」と呼ばれる高い石垣を築いている。

竜宮城伝説と桃太郎伝説が残る二つの島

直島の南東に浮かぶ島に
日本人ならだれもが知る伝説が残る。
竜宮城と桃太郎。
語り継がれるロマンを追う。

アクセス

男木港へは高松港からフェリーで約40分。女木港へは高松港からフェリーで約20分。男木島、女木島行きは同じ雌雄島海運のフェリーを利用。航路は高松港→女木港→男木港→女木港→高松港の順で運行。

Ogijima,Megijima

神話と芸術祭が
新たな
歴史を紡いでいく

直島の南東に、男木島と女木島という二つの島がある。雌雄島海運が運行するフェリー（→#49）で、高松港からアクセスできる島だ。ともに、「瀬戸内国際芸術祭2010」の会場となった場所で作品の一部が残っている。

男木島は平地が少なく、石垣を積んだ斜面が集落となっている。島に向かうフェリーからも、段々に連なる家並みを確認できる。男木港に着くと、左手に白い建築物が現れる。瀬戸内国際芸術祭2010に設けられた作品の一つで、レンタル自転車の貸出や島内の案内を担う「男木交流館」として機能している。島の北端に向かうと、灯台守を描いた映画『喜びも悲しみも幾歳月』の舞台になった男木島灯台がある。塔は美しい総御影石造りで、洋風建築の宿舎跡は「男木島灯台資料館」として公開されており、観光客が多く訪れる。

これが現在の男木島の姿だが、歴史を遡ると興味深い伝説に出合う。島内には海神の娘を祀った豊玉姫神社と、神話『海幸彦と山幸彦』の主人公・山幸彦（彦火火出見尊）を祀った加茂神社がある。山幸彦は、のちに豊玉姫と結婚し特殊な力をもつようになったとされる人物である。この言い伝えから、実は浦島太郎は山幸彦で竜宮城の乙姫は豊玉姫だったのではないか、という説があるのだ。確かめる術はないが、男木島そのものが竜宮城であったという説、男木島と女木島のあいだに竜宮城があったという説など、ロマン溢れる伝説が今も語り継がれている。

一方の女木島は、島に伝えられる伝説がより色濃く残っている。桃太郎のクライマックスに出てくる鬼ヶ島こそ、女木島だったという説だ。島一番の観光スポットは鬼の住みかとされる「鬼ヶ島大洞窟」で、女木港に隣接する案内所兼待合所の名称は「鬼ヶ島　おにの館」、夏場に人気の高いビーチは「鬼ヶ島海水浴場」といった具合である。桃太郎伝説が残る女木島で、大洞窟が発見されたのは1914年（大正3）のこと。全長400メートル、広さ4,000平方メートルにも及び、ノミで壁を掘った跡が残る大洞窟は、今なお謎が多い。瀬戸内国際芸術祭（→#30）のアート作品とともに、新しい歴史を紡ぐ観光スポットの揃った島として注目を集めている。

『SEA VINE』
高橋治希

↑部屋の奥にある海を望む窓から波が入ってくる光景を九谷焼でできた枝葉、花で表現。

『男木島 路地壁画プロジェクト wallalley』
眞壁陸二

↑壁のwallと路地のalleyを組み合わせたタイトルそのまま、複数の民家にカラフルな壁を配した作品。

**男木島と女木島で
瀬戸内国際芸術祭2010から
継続している作品**

『カモメの駐車場』
木村崇人

↓約300羽のカモメを、風見鶏として女木港近くの堤防に並べた作品。風が吹くと一斉に向きを変える。

『不在の存在』
レアンドロ・エルリッヒ

↓改装した空き家にふたつの作品を設置。図書室とレストランを併設し、内外の人が集う場所として再生。

男木島

『男木島の魂』
ジャウメ・プレンサ

↑さまざまな文化圏の文字を組み合わせた屋根が特徴的な作品。住居を自らつくる貝がモチーフ。

Ogijima

男木島も女木島も
それぞれ人口は180人余り。
瀬戸内国際芸術祭2010では
10万人近くが来島した。

Megijima

女木島

『MEGI HOUSE』
愛知県立芸術大学

↓美術学部と音楽学部の合同チームによる作品。ステージを備え、コンサートや実験的表現を展開。

廻船業

Keyword
15

瀬戸内海ほか、北海の海路でも活躍していた

『四国瀬戸内海航路図』

江戸時代に描かれた瀬戸内海の航路と連結する陸路を表した絵図。最盛期には直島の村方の7割が廻船で働き、優れた航海術で北の海でも活躍した。（香川県立ミュージアム所蔵）

日本全土、そして世界との交易・文化交流を担った瀬戸内の廻船業

豊臣秀吉の朝鮮出兵において
兵員輸送の功績が認められ、
河村瑞賢からも高い評価を受けて
御城米などの運送もほぼ独占。

優れた船と卓越した航海技術、そして純朴な人柄によって近世の廻船業を盛り立てる

鎌倉時代、讃岐の香川郡司、藤左衛門家資（香西氏）が兵船を率いて海賊を平定。その功績により直島と塩飽《しわく》を与えられ、それぞれに男子を置くのだが、それが直島の高原氏、塩飽の宮本氏とも。そして両氏は豊臣秀吉の九州征伐や朝鮮出兵の際、船を出して武士や兵糧を運び、その功績によって島も栄えたとされる。

江戸時代になると、幕府の御城米や各藩の御蔵米を江戸や大坂に運搬すべく、河村瑞賢によって東廻り航路、西廻り航路が開発される。当然、この航路につく船や船乗りには高い技量・能力が求められ、それらは幕府に直接雇われた。このとき、北海の風や潮にも慣れた大型船をもち、純朴で卓越した航海技術を備えていたと河村瑞賢が高く評価したのが、直島と塩飽諸島の船乗りたちだったと、後に彼の事績を記した新井白石が著書『奥羽海運記』に書いている。こうして直島や塩飽諸島の廻船業はいっそう発達していったのだ。

1883年に丸亀市の広島神社に奉納された、洋式帆船が描かれた海難の絵馬。（瀬戸内海歴史民俗資料館所蔵）

ちなみに、大坂が「天下の台所」として日本経済の中心になると、讃岐からは米や鯛、塩などに加え、砂糖やそうめんのほか、九州方面からの産物が運ばれるようになっていった。これにより輸送量も飛躍的に増大。塩飽諸島では1,000石積を超える大型船が、直島においても620石積の船が登場するのだが、当時直島で最大の船を所有していたのが堺屋、現在の堺谷家である。

ただ、廻船業の発達にともない、海難も増加。『直島町史』によると1684年（天和4）から1872年（明治5）までの約200年間に、直島付近だけでも500件にも及ぶ海難が発生したという。そこで讃岐では海上安全の神として金毘羅信仰が盛んとなり、寄港地の寺社では船絵馬が奉納されるのだが、そこには航海中の事実が描かれていることから海事研究の貴重な資料となっている。

弁財船を用いた廻船業の様子が描かれている

↑粟島の伊勢神社に奉納された絵馬には、1,000石積の弁財船の姿が。直島や塩飽諸島の廻船業が隆盛を極めたのは享保期まで。これはその後の天保期のものだが、近世の廻船業の様子を伝える。（瀬戸内海歴史民俗資料館所蔵）

海上安全を祈願し、航海中の事実を忠実に記録

→金毘羅信仰が盛んな讃岐では『右近権左衛門船長中奉納船絵馬』のように、船絵馬は明治期も多く奉納された。絵柄は当時の船の姿、航海の様子などを忠実に表し、日本の海事研究において貴重な資料となっている。（金刀比羅宮所蔵）

廻船業の隆盛を今に伝える道具たち

本村《ほんむら》には堺谷の姓をもつ家がいくつかある。そのうちの一軒は廻船問屋をしていた旧家で、現在も〝さかいや〟の屋号で呼ばれている。敷地内の蔵に残されていた船具や民具は自宅の一角に設けたミニギャラリーに展示されており、家人の説明も受けられる。一般公開はしていないが、〝きょく〟の屋号をもつ堺谷家にも廻船問屋時代の道具類が保管されている。近年、博物館が道具類を収集するようになったが、廻船業で隆盛を誇った証は、今も直島や瀬戸内の各所に残されているのである。

船時計

お香の燃えた長さで時刻を知った

香時計とも呼ばれる時計。ジグザグに抜かれた枠を使って、灰の上に抹香を均等に置き、その燃えた長さをもとに経過時間を計る。格子の蓋には、燃える速度を保つ防風の役割がある。船では揺れの少ない中央部に設置されていた。

銭升

4進法の江戸時代の必須アイテム。銭勘定を素早く済ませた。

船名額

隆徳丸は〝さかいや〟の先祖が乗った船名。船の神棚に置かれた。

弁当箱

弁当を詰めたと思われる木製の箱も多数残されている。

船名旗

染め抜かれているのは隆徳丸とともに活躍した地徳丸の名。

道具が物語るのは
江戸時代に華開いた
豊かな産業と
人々の息遣い

ポンプ

水を吸い上げる目的で
使われたと
考えられている。

船あんどん

なかには油を燃やす皿が
置かれている。
隆徳丸で使われていた。

箱枕

収納箱としての
機能を兼ね備えた枕。
枕箱とも呼ばれる。

革製の銭袋

銭1,000文を束ねると
1貫であり、
相当の量を収納できた。

堺谷家

写真の一部は〝さかいや〟の堺谷家にある。個人邸のため常時開放はしていない。

- 香川郡直島町780
- 地図／P252

Chapter
3
Naoshima
Seafaring

Keyword
#16

造船

1
釘差鑿《のみ》
船釘を打つ前に、
あらかじめ
とおし穴を開けておく。

2
叩鑿
構造材の加工用に
叩きながら使う。

3
イギリス
木を固定し
曲げるときなどに使う。
万力のこと。

5
挟《はさみ》指《ざし》
幅を測る
ノギスの一種。

6
マキハダ
檜肌縄。檜の内皮で
つくられた防水具で、
名は古い素材名の
名残。

瀬戸内で発達した和船の造船技術

いにしえより大陸と都を結び
日本の大動脈であった
瀬戸内には、
船大工の知恵と技が今に伝わる。

❹
摺《すり》鋸《のこ》
「摺り合わせ」
専用の鋸。
これは仕上用「小鋸」。

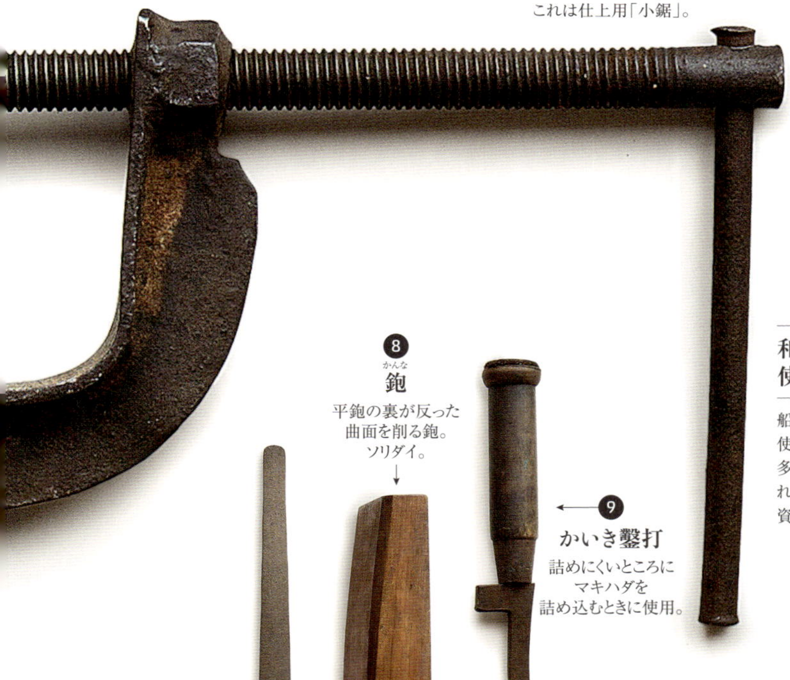

和船の建造に使われた道具たち

船大工道具には、家大工が使わないような特殊なものも多く、さまざまな工夫が施された。(瀬戸内海歴史民俗資料館所蔵)

❽
鉋《かんな》
平鉋の裏が反った
曲面を削る鉋。
ソリダイ。

❾
かいき鑿打
詰めにくいところに
マキハダを
詰め込むときに使用。

❼
船釘
平釘(写真)、
縫釘、
皆折釘など
種類もいろいろ。

❿
墨壷
墨で着色した
糸車の糸を使い、
直線や曲線を引く。
関西では角型が多い。

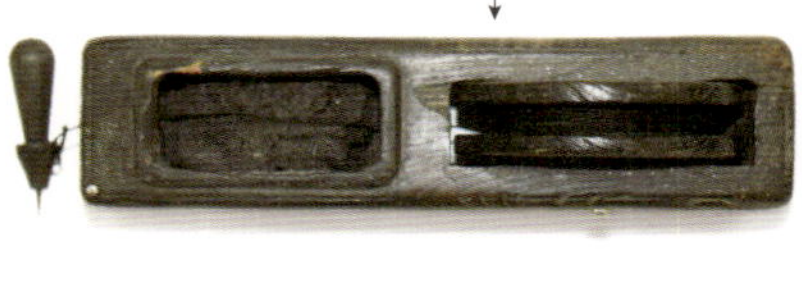

船大工の巧妙な技により、小型船も大型船も自在に造ることが可能に

弁財船板図

↑板に引かれた弁財船の設計図。板図は1/10縮尺で描かれ、側面図や船尾図、断面図なども。（瀬戸内海歴史民俗資料館所蔵）

鯛網（→#1）に代表される漁業や、当時の流通を支えた廻船業（→#15）は、近世における直島の重要な産業であると同時に、その存在を世に知らしめるのだが、こうした発展に大きな役割を果たしたのが和船である。とりわけ瀬戸内で生まれ、全国へと普及していった弁財船《べざいぶね》は、千石船ともいわれるような大型化も行われた。

水押《みよし》（舳先）をもち、櫓によらず帆足によって航走するこの船をはじめとする和船は、「大板構造」が特長。何枚もの板を接ぎ合わせて1枚の大きな板（大板）を造り出す「接ぎ合わせ」と、これらを隙間をなくして密着させる「摺り合わせ」の技術などで成り立っており、こうした船大工たちの巧妙な技が、100石積以下の小型船も、そして1,000石積以上の大型船も、同じ構造で造ることを可能にしていったのである。

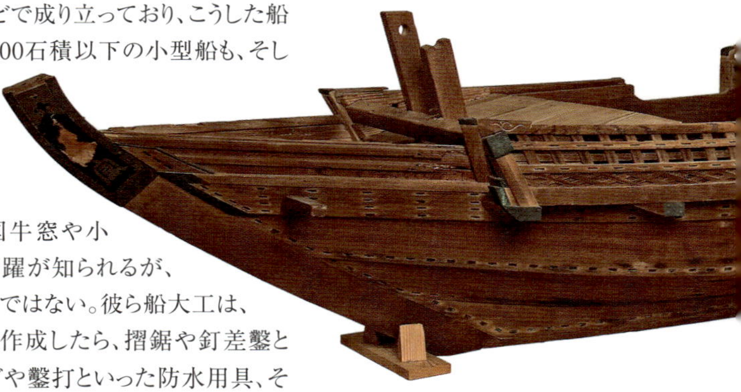

備讃瀬戸では、備前国牛窓や小豆島、塩飽の船大工の活躍が知られるが、近世前期の状況は明らかではない。彼ら船大工は、一見簡素に見える板図を作成したら、摺鋸や釘差鑿といった接合用具、マキハダや鑿打といった防水用具、そして船手釿や挽割鋸といった加工用具などをさまざまに駆使しながら、経験と勘を頼りに巨大な木造船も巧みに造っていった。

なお、漁船のような小型の和船については、労働力の確保や材料の入手が比較的容易であったことから、これまでの地縁的・人脈的な形で建造が行われたとされる。当時の直島でも漁船が建造されていたことが旧庄屋、三宅家の文書に残されており、近現代においても津田造船所が木造の鯛縛網船などを建造していた。

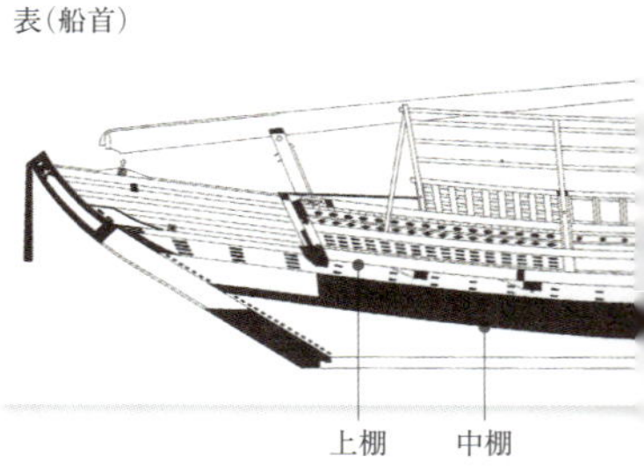

Information

瀬戸内海歴史民俗資料館

瀬戸内地方の歴史、民俗などに関する資料を収集し、保管・展示。同地方を構成する11府県全域を調査・研究対象とした広域資料館として知られる。備讃瀬戸を一望する地に立ち、漁撈用具や船大工用具など、国指定の重要有形民俗文化財も多い。

大陸と都を結ぶ
主要航路・瀬戸内、
その船大工の技術

文／織野英史
瀬戸内海歴史民俗資料館

かつて瀬戸内海には、浦々ごとに造船所があった。海は陸上よりも大量に物資を運べることから、物流の中心であった。瀬戸内海は古来、大陸と畿内を結ぶ大動脈であり、近世には経済の中心地大坂を目指す廻船でにぎわった。近世を通じて航路の中心は本州よりにあった。したがって直島の北はそのメインルートであった。航路に面した港には造船所の集まる船どころが形成された。小豆島北岸や牛窓もそれらの一つである。

瀬戸内の船は、中世に海賊(水軍)の活躍のなかで発達した。それは大陸から大鋸とか台鉋といった大工用具や製材技術が流入して大きな板が大量に造り出せる能力を身に付けたのに始まる。従来の丸木船から大きな板を船釘でつないで造る棚板構造の和船が造られた。

板と板は摺鋸という鋸で、いわば「擦って」密着させて水を通さない和船技術―上から充填剤を塗って隙間を埋める洋式船や中国のジャンクにはない細やかな技術がここで育まれた。

瀬戸内の船は先端に1本の水押という材を立てる船で、それが江戸時代後半には全国に広まって一般に知られる和船となった。小豆島北岸の大部や屋形崎の造船所で造られた弁財船と呼ばれる廻船の板図(1/10寸法の船の設計図)からは当時の船の船型や規模がわかる。

和船の主材は「日向弁甲」と呼ばれる宮崎県の飫肥地方産のスギである。瀬戸内は塩業が盛んで、そのため、江戸時代にはすでに照葉樹林は失われ、アカマツの2次林に姿を変えていた。良いスギの育たない瀬戸内では、造船のために他地域から材を移入しなければならなかった。それが、最も船に適した材を使うことにつながったとも考えられる。

直島はかつて鯛網が盛んだった。鯛網の網船は全長が約15mあり、2隻で網を曳く。大正期までは大網、昭和に入ると縛網という大規模な網漁が行われた。直島の本村で鯛網船など伝統的和船を造ってきた津田造船所の津田孝さんは、その最終期の造船に携わった。鯛網船も弁財船と同じく、大きな1本の水押をもち、船釘によってつないだ伝統的和船である。鯛網も昭和30～40年代までで終わり、木造船も昭和50年代以降、FRP(プラスチック)船や鋼船に取って代わられた。また海だけが物流の中心ではなくなった。

津田さんは鯛縛網船の板図から船模型をつくり、資料館に寄贈している。それらが和船のかつての伝統を我々に伝えている。

弁財船雛型

↓金刀比羅宮に江戸期に奉納された弁財船(710石積)の1/10模型。構造的にも寸法的にも正確に姿を伝える。(金刀比羅宮所蔵)

弁財船板図トレース

↓板図(写真上)をトレース。1/10縮尺で、実物の1尺を1寸で表現。(瀬戸内海歴史民俗資料館所蔵)

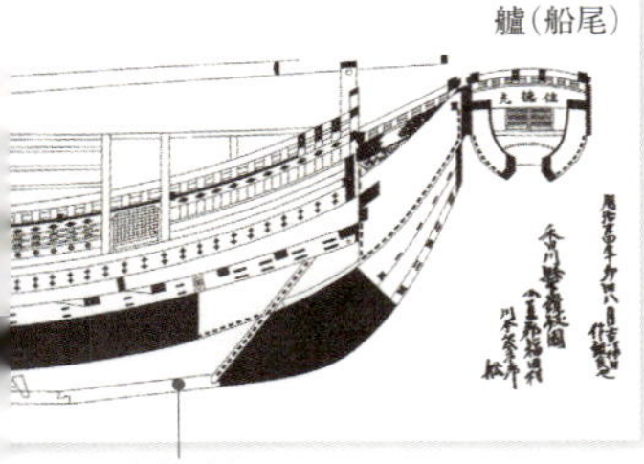

- 高松市亀水町1412-2
- 087-881-4707
- 開館時間／9:00～17:00
- 休館日／月曜
(祝日の場合翌日)、年末年始
- 入館料／無料
- 地図／P249

Keyword
#17

Matsudaira Family, Local Government of Takamatsu

高松藩松平家

武士や町人の生活をも描出する『高松城下図屏風』

頼重の時代の高松城下を示す。水城の姿と、人々の生活ぶりを描写。（香川県立ミュージアム所蔵）

高原家と親密な間柄にあり、
歴代当主は藩祖、松平頼重と
親交を結んだ

初代藩主、松平頼重が
城下町の整備を進め
藩政の基盤を固めた。

親藩、高松松平家と直島領主、高原家は親しく交際

近世の直島は、男木島・女木島（→#14）とともに高原氏が統治していたが、2代次勝が関ヶ原の戦いで東軍に加わって徳川の旗本になり、3代直久が交代寄合（老中の下に属す）となって以降は、旗本ながら譜代大名並みの待遇を受けていた。そのため諸大名とも広く交際があり、なかでも高松藩松平家とは親密な間柄にあった。

藩祖、松平頼重が東讃12万石を与えられ、20歳で入国したのは1642年（寛永19）のこと。このとき直久が大坂湾まで迎えの船を出したという。そして松平家は船に不案内だったことから、高原家に船、船頭、水夫などの手配を依頼し、船をもつことができたといわれている。まさに直島水軍、面目躍如の逸話である。

高松藩の歴史を伝える
明治期の写真
（高松松平家歴史資料）

以来、高原家の当主は、しばしば松平頼重と面会。とくに直久が早世すると、直久の子（5代内記）が家督を継ぐまでの間、直久の叔父にあたる4代徳寿が頻繁に頼重と会っている。松平家に伝わる『英公実録』『英公日暦』には、徳寿が丁重にもてなされていることが記されているが、これは徳寿が前讃岐藩主、生駒高俊に仕官し、生駒氏が出羽へ転封となり、高松藩、丸亀藩に分かれるまでの讃岐の状況を心得ていたことも関係していたようだ。

また5代内記も、松平頼重が舟遊びをしていて直島に着くと、さっそく挨拶に出向き、御座船《ござぶね》飛龍丸で対面している。さらに旧庄屋の三宅家に残されている、頼重から内記に宛てた一通の書状からは、頼重が高原家を同格に扱っていたことが丁重な文面によって示されているのだ。ただ、養子である6代数馬が家督を相続すると、高原家はお家騒動によって改易となり、高原家と頼重との交際も終わりを告げるのである。

ちなみに、松平頼重は徳川家康の孫にあたり、水戸徳川家出身。生駒氏から引き継いだ高松城を改修し、城下町の整備を推し進めるなど、藩政の基盤を確立。これにより高松藩は明治の廃藩置県まで続くのである。

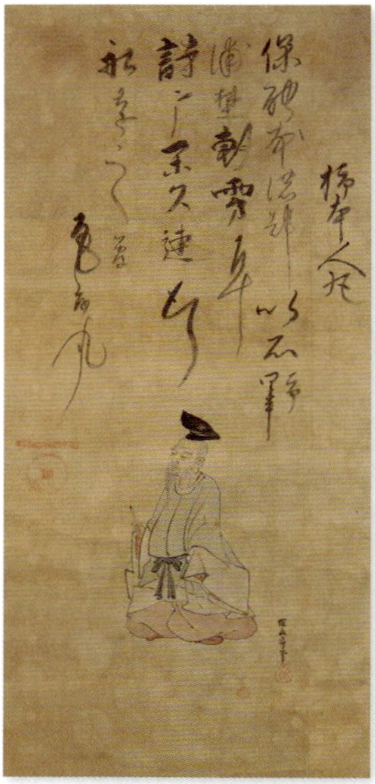

頼重の自筆が残る『松平頼重賛 人麿、小町、喜撰図』

狩野探幽が描いた柿本人麻呂の人物画に、頼重が自筆で人麻呂の和歌を書き付けた「人麿図」。（香川県立ミュージアム所蔵）

Information

歴史博物館と美術館を兼備

香川県立ミュージアム

香川の文化拠点として親しまれ、歴史博物館と美術館の機能をあわせ持ち、展示・普及・調査・研究などの幅広い活動を行っている総合ミュージアム。

- 高松市玉藻町5-5
- 087-822-0002
- 開館時間／9:00〜17:00
- 休館日／月曜（祝日の場合翌日）、年末年始
- 入館料／一般400円、高校生以下無料
- 地図／P249

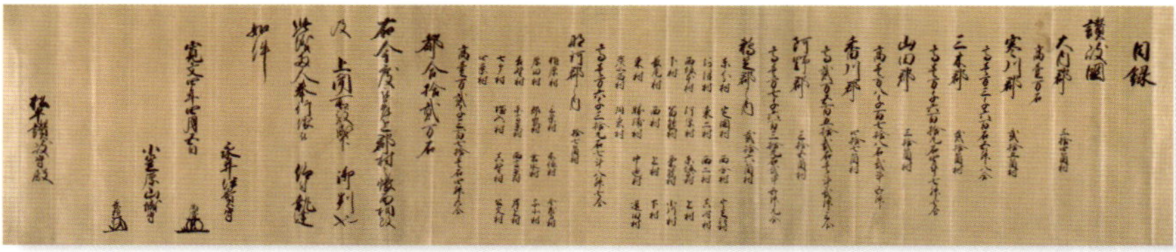

12万石の安堵を示す『領知目録』

↑4代将軍、徳川家綱から初代藩主、松平頼重に対して、讃岐国のうち8郡234村の所有権を承認することが記されている。（香川県立ミュージアム所蔵）

大名のシンボル御座船を描いた『飛龍丸惣図』

↓高松藩の海御座船は500石積の「飛龍丸」。当時の大名が造ることを許された最大の大きさ。（高松松平家歴史資料〈香川県立ミュージアム保管〉）

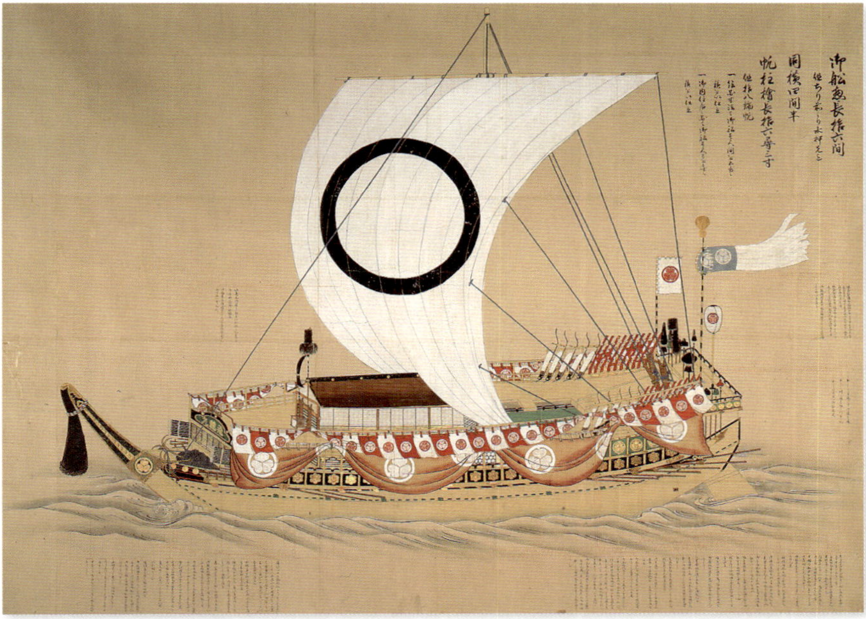

藩の船団を示す『七段之備乗組御船験図絵』

↓高松藩の船団は、役割ごとに「備」と称するグループを設け、備どうしを験（しるし）の形や色で識別した。（高松松平家歴史資料〈香川県立ミュージアム保管〉）

内装を描いた『飛龍丸御屋形之図』

↓御座船に設けられた藩主の居室の、床の間（右）や天井（左）など、内装の様子が描かれている。（高松松平家歴史資料〈香川県立ミュージアム保管〉）

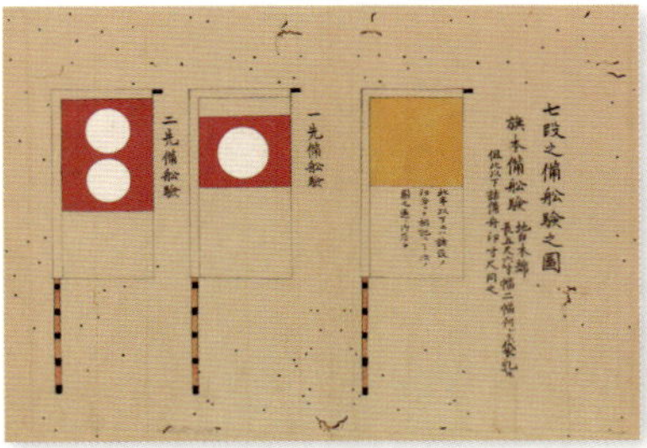

幕府領

**少雨による凶作や大火などに
悩まされることもあったが、
鯛網漁や製塩により
島民は穏やかに暮らした。**

直島は高原次利(→#13)以来、6代90年にわたり高原家の領地だった。しかし6代数馬の時代に、彼が養子だったこともあって先代、内記との折り合いが悪くなり、内記が大老、酒井忠清に「数馬が養父母に不孝」と訴え出たため、家事不取締りとして改易となる。これについては内記が心神喪失の状態にあったことも原因とされており、『直島町史』は数馬に同情的だ。

いずれにしろ1672年(寛文12)、直島は男木島・女木島(→#14)とあわせ直島三か島として幕府の直轄領となり、倉敷代官所の支配を受けることに。この頃にはすでに塩飽《しわく》諸島や小豆島も幕府領となっており、讃岐の島しょ部のほとんどが幕府によって直接統治された。

幕府領となった直島は、庄屋と組頭を置いて政治を行った。幕府からの命令は代官所を通じて庄屋、三宅家へとわたり、男木島・女木島、ときに小豆島へと伝えられた。当時の直島の人口は200戸1,000人程度とされ、暮らしは豊かだったともいわれる。が、貢租は米が主体だったこともあり、少雨に悩まされることの多い直島では度々「夫食貸し願い」が出されたとも。また、一時は「24艘9,000石積」ともいわれた廻船業(→#15)も徐々に衰退。1781年(天明元)には島民の多くが家財を失う大火に見舞われるなど、なかなか大変だったようである。

それでも島の人たちは、鯛網漁(→#1)や製塩などで生活をつなぐとともに、文化・文政期(19世紀初頭)には高原城跡に芝居小屋を建て、盛んに素人歌舞伎を上演するなど、穏やかに暮らしたと伝えられている。

Column

**倉敷代官所の
肝いりで始まった
直島の製塩**

高原家統治の後、幕府直轄領として新たな時代を迎えた直島

江戸幕府の命で作製された『天保国絵図』

1835年に全国規模で国ごとの地図(下の図は讃岐国)が作製された。郡別に色分けされた楕円形の枠には村名と石高が、白四角で示された城下町には地名と城主の名が記されているが、直島ほか島しょ部は幕府領だったため、城主名などの記載はない。同国絵図は国の重要文化財。(国立公文書館所蔵)

直島は古代より製塩が行われていたが、幕府領になると倉敷代官所が塩の国内生産と島民の収入確保を目的に、塩田築造に着手。倉敷の豪商、大橋平右衛門に所有権を移し、直島の廻船業、堺屋(現堺谷家)が世話方となって、1841年に完成する。島民は大いに喜び、直島に恵みを与えるとして「御恵浜」と名付けたと伝わる。製法は開発当初より「入浜式」だったが、戦後には写真(堺谷家提供)のような「流下式」の立体塩田も見られた。

←今は塩田こそないが、太陽熱で結晶化させる「SOLASHIO」が有名。

**高松藩5代藩主にして
博物学大名といわれる頼恭は、
学問を産業振興策ととらえ
人と町を
大いに活気付ける。**

Matsudaira Yoritaka / 1711~1771

松平頼恭

正徳元年～明和8年

窮迫した藩政を立て直し、有為の人材を育てた高松藩中興の祖

**高い見識を伝える
頼恭の手による
『梅図』**

頼恭の肖像画など、風貌を伝える史料は確認されていない。だが、『梅図』に残された巧みな描写と流麗な文字に、彼の高い見識と優れた芸術観が偲ばれる。（高松松平家歴史資料〈香川県立ミュージアム保管〉）

高松藩松平家（→#17）は水戸家の分家であり、江戸城内ではときに幕府政治についての相談を受けるなど、高い家格を維持し、優れた藩主を輩出した。なかでも中興の祖といわれるのが、5代藩主、松平頼恭だ。

頼恭が高く評価される理由の一つは、当時の讃岐の代表的産物「讃岐三白（綿、塩、砂糖）」のうちの塩と砂糖について、平賀源内をはじめとする優れた人材を積極的に登用し、本格的な製造法の普及と増産を実現させ、窮迫した藩の財政を見事に立て直したことが挙げられる。これにより、優れた航海技術を有し、すでに幕府領（→#18）となっていた塩飽《しわく》・小豆島・直島の廻船業（→#15）とともに、讃岐のそれも大いに栄え、港も発達していくのだった。

また、頼恭は学問奨励にも並々ならぬ意欲を見せたといい、「博物学大名」ともいわれるように、博物学や物産学に打ち込んだとされる。源内にも動植物の研究を命じているが、日本屈指の博物図譜といわれる『衆鱗図』（→#20）なども、こうした背景のもとに生まれている。しかも頼恭は、学問を教養としてだけではなく、藩の殖産興業政策として不可欠と考えたようだ。

ちなみに、頼恭が編纂させた博物図譜は、熊本藩主、細川重賢《しげかた》（頼恭の正室の弟）などに貸し出され、多くの図譜に転写された。『解体新書』の挿絵を描いた小田野直武らも、源内を通じてそれらを目にしていた可能性は十分考えられる。実は頼恭の最大の功績は自らの藩政を通じ、源内ほか有為の人材を多数育てたことにあると指摘する声も少なくないのである。

高松松平家家系図

高い家格を維持し、11代230年にわたり高松藩を治める

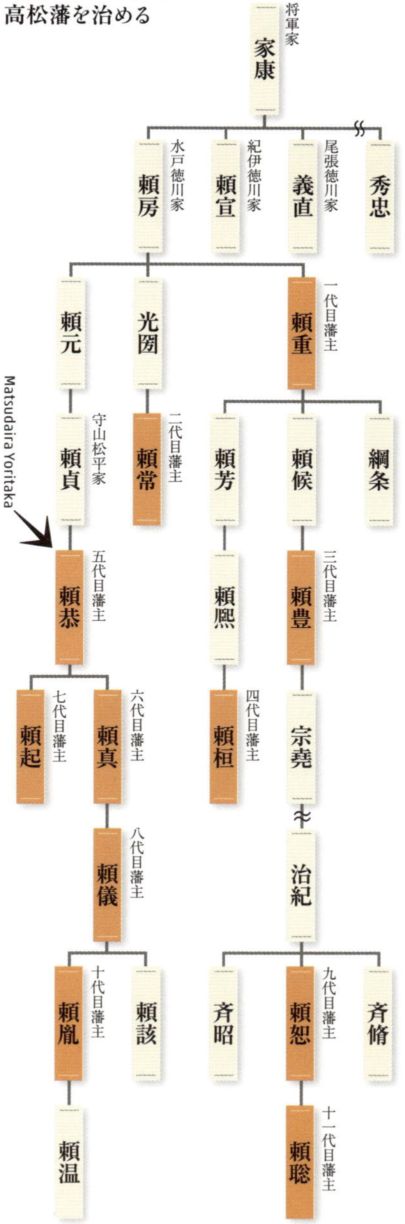

Column

高松藩士として頼恭の指揮のもと多方面で活躍した平賀源内

↑平賀源内肖像（慶應義塾図書館所蔵）

産業振興の一環として、頼恭は源内に動植物の研究を命じた。そこで源内も朝鮮人参やサトウキビの栽培を栗林荘（現栗林公園）で進めるとともに、長崎や江戸で本草学などの知識を深めた。それというのも当時の将軍、吉宗が、朝鮮人参などの薬草や砂糖の輸入と引き換えに、膨大な量の金銀が国外へもち出されるのを危惧し、国内での栽培を始めたからだ。ちなみに源内が学んだ成果は『衆鱗図』などの博物図譜や、『物類品隲』（写真右／国立国会図書館所蔵）へとまとめられるが、とくに物類品隲にある記述が徳島や香川の名産品となる和三盆糖の完成に貢献。高松藩を辞してからも、源内はエレキテル製作などマルチに才能を発揮していくのである。

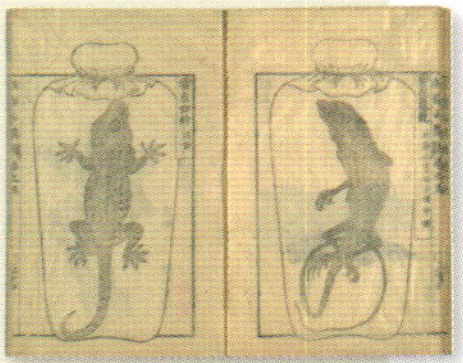

↑物類品隲

↑エレキテル

源内が復元した医療用の摩擦発電装置。（逓信総合博物館所蔵）

↑源内焼き

源内が創始とされる単彩や三彩の陶磁器。（高松市歴史資料館所蔵）

衆鱗図

精緻な描写と美しい彩色で
近世の図譜、博物書に大きな影響を与え、
人々の動植物への関心を高めた。

高松松平家に伝わる日本屈指の博物図譜

海水、淡水に棲息する生物、723図を収録

錦の布を用いた豪華な装丁。（以下、P.119を除き高松松平家歴史資料〈香川県立ミュージアム保管〉）

自藩の産業振興策として
高松藩5代藩主、松平頼恭が
平賀源内に命じて編纂

直島の人たちにとって瀬戸内海の魚介は日々の生活に欠かせないものであり、とりわけ鯛はかつての名産品にして、今も身近で特別な存在だ。同様にその土地の産物というのは日本各地にさまざまあるが、実は江戸時代にこれらを全国規模で調査し、産出する動植物を利用の有無にかかわらず各藩に報告させたのが、8代将軍、徳川吉宗だった。そして吉宗のこの施策が、人々の動植物への関心を一気に高め、今日でいう図鑑が全国各地で制作されることになったともいわれているのである。

なかでも、その先駆けとなったのが、高松藩5代藩主、松平頼《より》恭《たか》（→#19）が編纂した『衆鱗図』。頼恭はほかにも『衆《しゅう》禽《きん》画《が》譜《ふ》』『写《しゃ》生《せい》画《が》帖《じょう》』『衆《しゅう》芳《ほう》画《が》譜《ふ》』を編纂、計4種13帖の博物図譜を残しているが、衆鱗図は圧倒的な精密さと美しさを誇り、その一部は『衆《しゅう》鱗《りん》手《て》鑑《かがみ》』と題し、10代将軍、家治にも献上されたとの記録も残る。

海水や淡水に棲息する魚類を中心とした各種生物、計723図を収めた4帖からなる衆鱗図は、各帖とも精緻な描写と彩色で描かれた図が縦33.0×横48.2センチメートルの台紙50枚の表裏両面に貼られている。驚くべきはその図の大部分に、絵の具を盛り上げ、光沢のある素材を塗り、金銀の箔を貼るなど、対象の立体感や光沢、鱗の輝きなどの表現がなされていること。しかも、それは輪郭線で切り抜かれ、折本状につないだ台紙におおよそ分類されて貼られており、名称を記した付札が添えられているのである。

残念ながら衆鱗図には序文やあとがき、採集地や写

鰭《ひれ》

鰭は伸ばした姿で
真横から描かれていることが多く、
鰭の棘条に至るまで
丁寧に切りとられ、貼られている。

頭の向き

無脊椎動物以外の魚は、
カレイやヒラメなどを除き、
すべて頭部は左向きに。

腹鰭《はらびれ》

2枚ある腹鰭のうちの
1枚を体側に持ち上げることで、
2枚とも見えるように
描かれている。

付札

和名を記した小札を付し、
似たグループをまとめて配置。
ただ、写生年月日や採集地といった
情報は含まれていない。

鱗《うろこ》

鱗の1枚1枚まで細密に描き、
光沢を表現するために
下地に金銀の箔が
用いられているものもある。

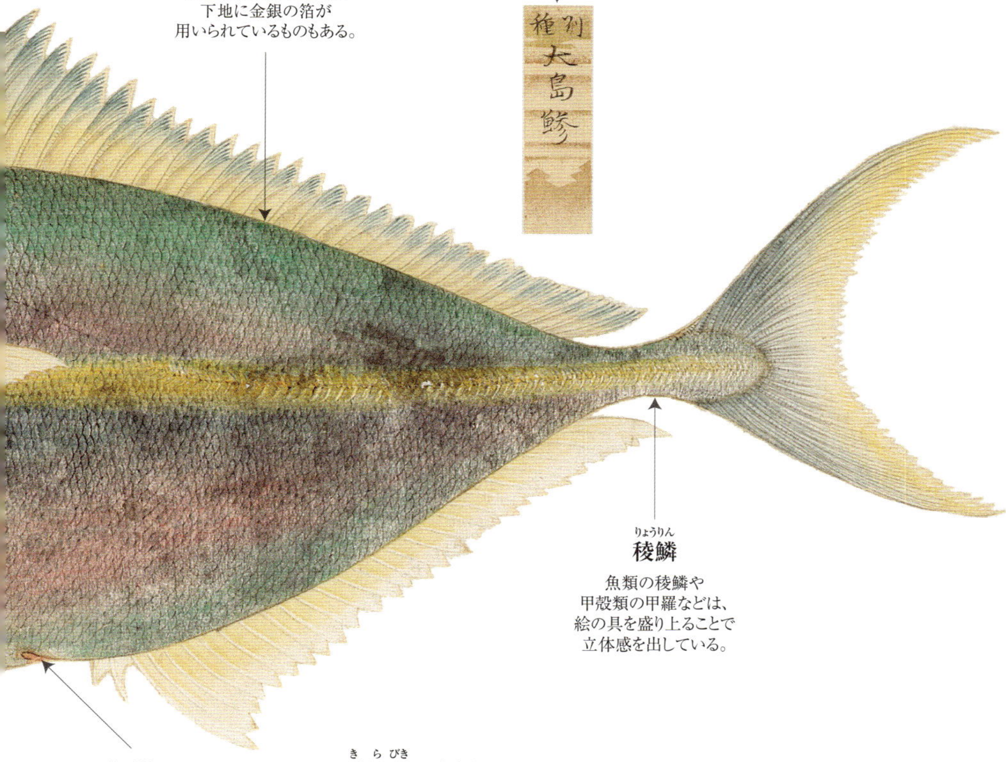

稜鱗《りょうりん》

魚類の稜鱗や
甲殻類の甲羅などは、
絵の具を盛り上ることで
立体感を出している。

肛門

肛門や側線など
細部もしっかりと
示されている。

雲母引《きらびき》の台紙

魚の棘やクラゲの触手なども
1本1本切りとられた図が
貼られている台紙は、
光沢を出すために
雲母の粉末溶液が塗られている。

生命力溢れる生き生きとした描写がポイント

『衆鱗図』の各図は、まるで生きているかのような生命力溢れる姿に特長がある。写真のない時代、水揚げと同時に命絶え、腐敗が始まる魚類などを描くのは至難の業。この点からも各種生物を収めた衆鱗図は貴重とされた。

量感や立体感を巧みに表現する切り抜きの技法

図柄を輪郭線で切り抜き、1点ずつ台紙に貼り付けていく絵画手法は、世界に類例のない技法として注目されている。頼恭による博物図譜のほとんどの図が、この手法をとっている。

生年月日などが記されていないため、意図や作成時期、絵師など、不明な点も多い。ただ、高松藩家老が残した文書などから、平賀源内が制作に深く関わっていたことが明らかに。また、絵師としては源内と交流のあった宋紫石（楠本雪渓）の名が挙げられているとともに、その弟子で小豆島にいた三木文柳の関与も指摘されている。このように衆鱗図は、当時の高松藩や周辺の島々の様子、さらには源内を通じた江戸という時代を紐解く上でも、第一級の史料とされているのだ。

なお、頼恭が博物図譜の制作に力を入れたのは、自藩の産業振興策ととらえたからという。衆鱗図は当時の世界を見渡しても類例のない優れた図鑑で、瀬戸内の魚も数多く掲載。しかも最初の図が、魚の王様であり地域の特産品でもある「鯛」となっているのも象徴的だ。

Profile

源内との親交から、平明で写実的な『物類品隲』を描く

宋紫石

So Shiseki

1715年～1786年、本名は楠本幸八郎。江戸中期の画家で、長崎において写生画に優れる沈南蘋の画法を学び、さらに来日した清の画家、宋紫岩に入門して、宋紫石と名乗る。平明で写実的な絵を得意とし、平賀源内との親交から『物類品隲』の挿絵を手がけている。

宋紫石に学び、小豆島へ移転後も源内と交流

三木文柳

Miki Bunryu

1716年頃～1799年、もと徳島藩士。幼い頃から画を好み、壮年になって京都に遊学。さらに江戸に出て宋紫石に学び、紫石とともに『物類品隲』の制作に関わる。その後、拠点を小豆島に移してからも源内との交流は続き、『衆鱗図』の制作に深く関与したと考えられている。

三木文柳の弟子で、『衆鱗図』に似た画風の作品も

三木算柳

Miki Sanryu

小豆島生まれ、三木文柳の弟子。作品としては1811年に描かれ、現在の小豆島町池田にある亀山八幡宮に伝わる、同宮の祭礼の様子を伝える絵額が知られている。一方で、現存する作品『魚介図』では、文柳の写生的な画風を継承。

『衆鱗図』への関与が指摘される、三木文柳

文・松岡明子
香川県立ミュージアム

三木文柳は、小豆島を拠点に活動した江戸時代の画家である。確認されている作品はわずかしかなく、美術史上でも周知の存在とはいえないが、高松松平家に伝来する魚類図譜『衆鱗図』の作者ではないかという説が出されて以来、その名を知る人も増えてきた。

記録によれば、文柳はもと徳島の藩士で、幼い頃から絵を好み、京都に遊学後、江戸に出て南蘋派の画家である宋紫石の門人となった。その後、文柳は江戸を離れて小豆島へと渡る。1762年（宝暦12）頃には島にいたようで、寺に寓居した後に家を構え、1799年（寛政11）に84歳で世を去るまでこの地で画家として活動した。徳島藩士だった文柳が、どのような経緯で画家となり、瀬戸内の島にやってきたのか。その生涯にはまだ謎が多い。

『鮮魚図』
作／三木文柳
（高松市歴史資料館所蔵）

文柳の作品には、南蘋《なんぴん》風の花鳥図や吉祥図などがあるが、なかでも代表作といえるのが魚介を描いた作品群である。鯛や海老などの魚介を並べ、鱗の形まで細かく描写した図は、一見して衆鱗図を思い起こさせる。両者を比較すると、腹鰭を2枚とも描くという衆鱗図の特徴が文柳の図にも見られるほか、金属箔を貼った上に彩色して鱗の輝きを表現するという独特の表現技法も一致しており、このような類似が、文柳を衆鱗図の作者とする説を支える根拠の一つとなっている。

文柳と衆鱗図を結び付けるもう一つの手がかりが平賀源内である。源内はもと高松藩士で、5代藩主、松平頼恭の命により衆鱗図の制作に関わったと考えられている。文柳は、宋紫石とともに江戸で源内の著作『物類品隲』の刊行に協力しており、小豆島に来た後も源内のために西洋図譜の挿絵を写したりしていた。つまり、源内を介することで、文柳と衆鱗図がつながる可能性も十分出てくるのである。

ただし、これだけで文柳を衆鱗図の画家と断定はできない。似ているとはいえ、衆鱗図は文柳の図よりはるかに緻密で、同一人物の筆とするには検討の余地が残る。また、文柳が藩主に関わる仕事をしたことを伝える記録も今のところ見当たらない。結論が出るのはまだ先だが、文柳が源内を通して博物学の情報に触れ、その視点をもち込んで独自の魚介図を描いたのは確かである。小豆島を発信源として描かれたこれらの作品は、18世紀の美術史上に刻まれた文柳の足跡として注目されてよいだろう。

三木文柳による吉祥図『七福神図』。（弘憲寺所蔵、写真提供／香川県立ミュージアム）

文柳の画風を継承した、三木算柳による。『魚介図』（香川県立ミュージアム所蔵）

『衆鱗図』とともに制作された鳥類、植物類の図譜

『衆禽画譜』

「水禽帖」と「野鳥帖」に計159図を収録

水辺に棲息する鳥を集めた「水禽帖」に85図、野に棲息する鳥を集めた「野鳥帖」に74図が収録されている。『衆鱗図』同様、表面の凹凸を盛り上げて彩色し、図を輪郭線で切り抜いて台紙に貼るという方法で仕上げられ、質感や立体感を演出。また、自然観察では見えにくい翼の下に隠された羽や色合いまでもが、忠実に表現されている。

左は「ハマタラシギ」で
右は「アカシラ」。
隠れた羽も立体的に表現。

左は「ダルマインコ」で
右は「ヒインコ」。
色鮮やかな色彩も忠実に。

『写生画帖』

「雑木」「蔬菜」そして「雑草」の全3帖構成

全3帖により構成。図の多くは植物の葉や根、花などを同じ紙に描いて画帖に貼られているが、葉先などの一部を輪郭線に沿って切り抜いた図なども含まれている。『写生画帖』全3帖は、『衆鱗図』の一部とともに長崎にもち込まれ、来日していた清人に漢名などを尋ねたことが知られており、赤い貼り紙には松平家側の質問事項が記されている。

左は「な」で
右は「かぶら」。
根菜類は葉も鮮やか。

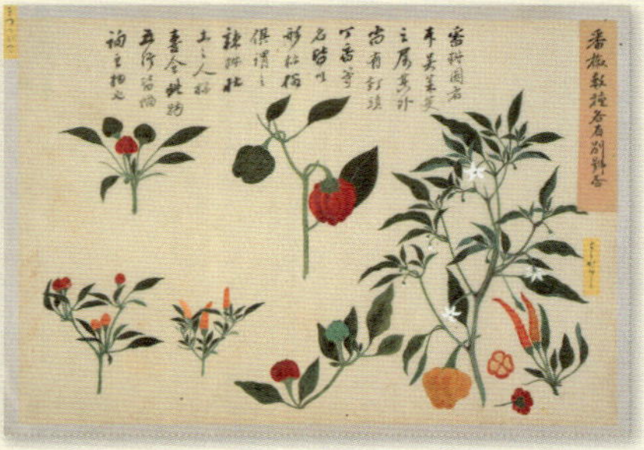

左は「まつのほや」で
右は「とうがらし」。
香辛料などの図も。

『衆鱗図』に加え、松平頼恭は『衆禽画譜』『写生画帖』『衆芳画譜』の計4種13帖の博物図譜を編纂。そのどれもが『衆鱗図』同様、精緻な描写、立体的な彩色、絵の具の工夫による質感に優れ、対象物を生き生きと描き出している。

『衆芳画譜』

「薬草」「薬木」「花卉」「花果」の4帖が現存

「薬草 第二」「薬木 第三」「花卉 第四」「花果 第五」の4帖が現存し、計674図が収録されている。『写生画帖』同様、葉先などの一部が輪郭線に沿って切り抜かれた図もあり、果実などは表面の凹凸を盛り上げて彩色し、雲母や艶のある素材を塗るなど、質感や立体感が巧みに表現されている。今も身近なものが多く、その精緻さが理解される。

左は「古河ナシ」「細ツル青ナシ」、
右は「マツオナシ」「ツリガ子ナシ」。
同じ果実も種類ごとに掲載。

左は「海紅柑」「八代ミカン」「ミカン」
右は「モチ柚子」「ハナユ」。
表面の凹凸も巧みに描出。

左は「アサカホ」
右は「シボリアサガホ」。
色彩の違いも忠実に描写。

第4章　直島フィロソフィー

近代直島の礎は
明治から昭和の激動期に生きた
信念の人によって築かれ、
発達する。

『日本橋より長崎迄道中記（江戸から長崎迄街道図）』
（香川県立ミュージアム所蔵）

Chapter

4

Naoshima Philosophy

パイオニア、ここにあり。

Keyword
#21

Miyake Chikatsugu / 1908~1999

三宅親連

明治41年～平成11年

近代直島の礎を築いた希代の町長

Miyake Chikatsugu

9期36年にわたり町長として在職。
製錬所を核に関連諸産業の振興を図り、教育と文化の香り高い住民生活の場を設け、自然景観と歴史的な文化遺産を保存しながら観光事業に取り組む——。
町長就任にあたっての氏の町づくりの構想が、現在の直島を形づくっている。

三宅親連は1908年2月14日に生まれ、1935年に神主に襲職。その後、町長として直島の発展に尽力。

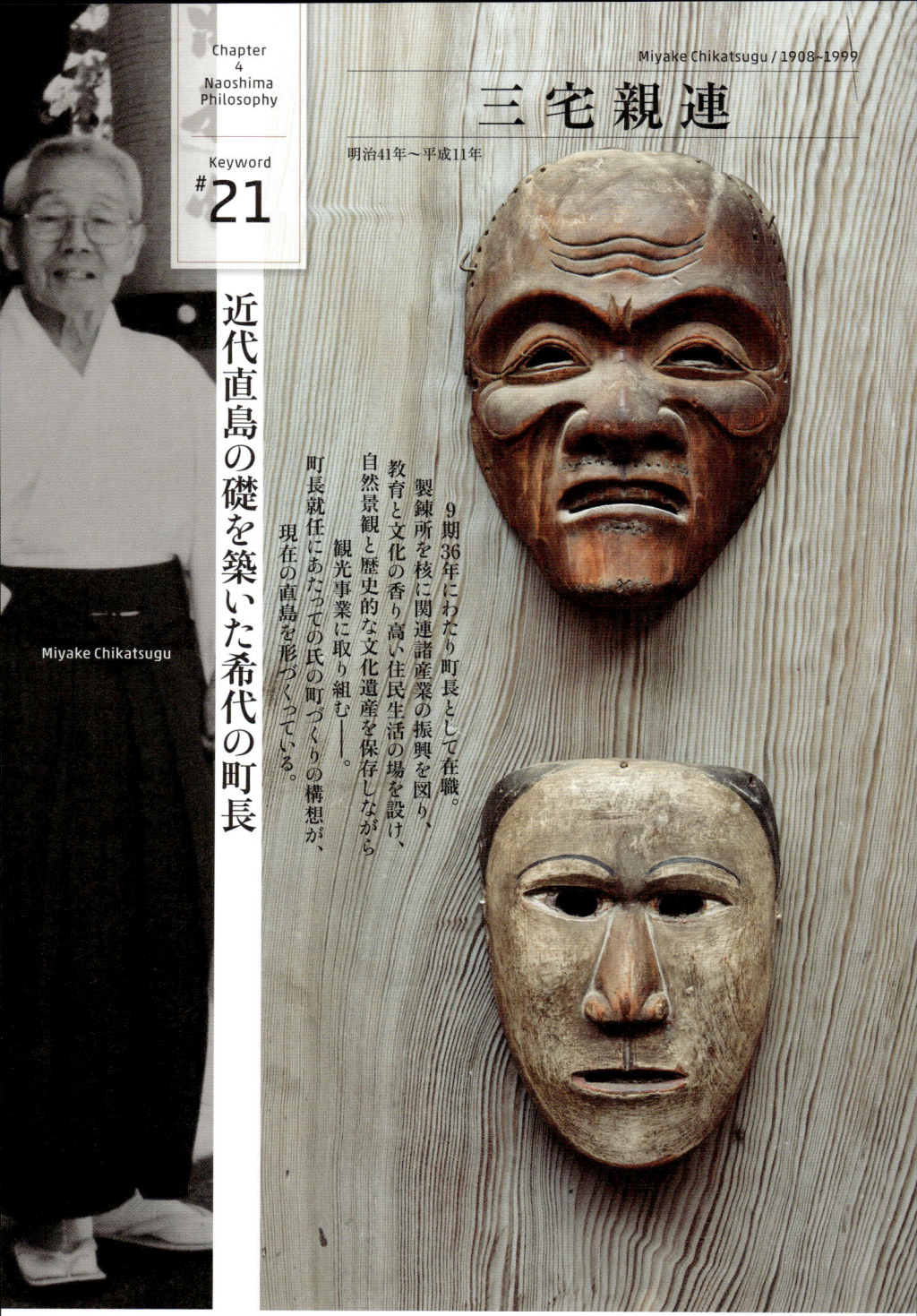

三宅の生家は八幡神社の神主を務め、領主、高原家が秀吉より拝領した能面（左ページ）などが伝わる。

島をこよなく愛し、島の人たちからも慕われた直島の精神的支柱

1959年(昭和34)に直島町長選挙に初当選して以来、9期36年という長きにわたり町長として在職。その間、つねに健全財政を維持し、産業の振興を図る一方、住民福祉と生活環境整備にも力を注ぎ、教育や文化活動の充実を実現したのが、島の精神的な支柱でもあった三宅親連である。

三宅は町長就任にあたり、島の町づくりを次のように考えた。それは直島を南北に3分割し、北側を大正時代からある三菱金属(現三菱マテリアル株式会社)直島製錬所(→#24)を核とした「産業地区」に。中央部を教育の場、各集落を中心とした住民の生活の場としての「文教地区」に。そして南側を、素晴らしい自然を活かした「観光地区」にするというものである。現在見られる直島の姿は、この構想が基盤となっているのだ。

三宅は
直島の名誉町民。
町政の発展に
大きく貢献した。

三宅はまず「産業地区」において、島の慢性的な水不足を「友情の水」によって解消することで、経済を支える製錬所への水の安定供給を実現。「文教地区」においては、いち早く幼保一元化に取り組み、建築家、石井和紘と後に「直島建築」(→#22)と呼ばれる公共施設建設を進める。そして特筆すべきが、「観光地区」への取り組みだ。「自然を最大限に活かした健康的で清潔な観光地として開発できれば、国民生活にとって欠くことのできない第三次産業として成長し、必ずや直島の産業の柱になる」と、三宅は考えたのだ。直島の現在を知る人は、その慧眼にだれもが感服するのである。

当初、開発は日本無人島株式会社(→#26)によって進められ、「フジタ無人島パラダイス」として順調な滑り出しを見せた。しかし、本格的な開発の段階となって、瀬戸内海国立公園特別地域に指定されているがゆえのさまざまな規制がネックとなる。しかも、1970年代前半のドルショックやオイルショックの影響により日本経済も低迷

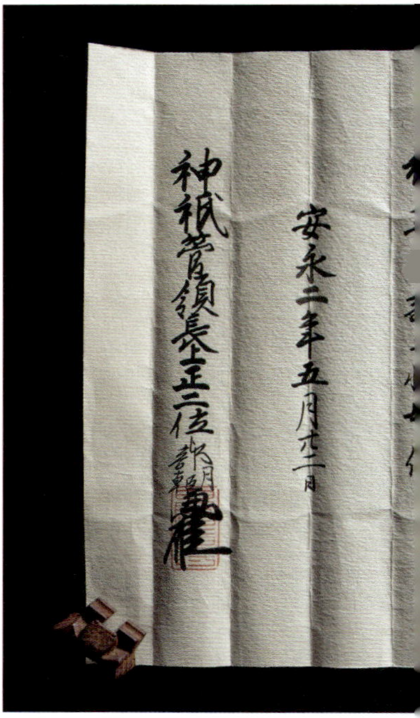

神道裁許状

↑1773年に書かれた許可状。直島、男木島、女木島3島5社の宮司に任命すると記されている。

起請文

↓江戸中期に書かれたとされる、神仏に誓った結婚の契り。八幡神社の神主に代々受け継がれている。

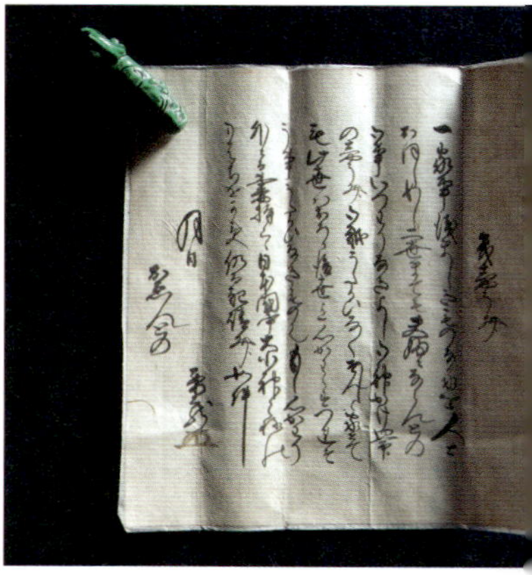

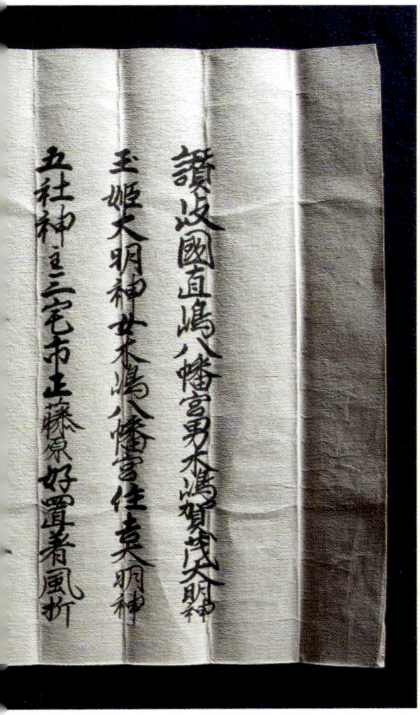

し、同社による開発は暗礁に乗り上げてしまう。それでも三宅は諦めることなく各方面との調整を重ね、開発は無事、同社から福武書店（現・株式会社ベネッセホールディングス）へと引き継がれる。そして父、福武哲彦からバトンを受け継いだ總一郎（→#28）が1988年（昭和63）、町議会において自ら「直島文化村構想」を発表。再び開発が始まるのである。

自宅の書斎は
生前の姿のまま。
簡素な空間に
人柄が現れている。

こうして直島は、アートの島として世界各国から人々が訪れる島となるのだが、三宅が何よりも喜んだのは、「戦後復興とともに歩んだ自分たちの世代はハードを造る時代だったが、これからはソフトを創る時代であり、それを次代を担う若い世代に引き継げた」こと。三宅がこう考えたのは、島内屈指の名家として代々、八幡神社（→#8）の神主を務めてきた家に生まれたことも関係しているかも知れない。

三宅家は領主、高原家ともつながりが深く、高原家が秀吉より拝領した品々が三宅家には多く残されている。また、自らも神主を務めた三宅は、島に伝わるさまざまな行事にも深く関わった。こうして島の歴史や伝統に触れながら、三宅は島と島民を愛し、島の未来を思った。そして島民もまた、清廉潔白な島の神主を慕ったのだった。

1999年（平成11）2月22日、三宅は惜しまれつつ91歳でこの世を去るが、近代の直島に果たした役割は極めて大きく、島の至るところにその足跡と功績を認めることができるのである。

当時の福武書店社長である
福武哲彦（手前）との出会いが、
三宅の夢を実現化させる。

Column

**直島町と
玉野市をつなぐ
「友情の水」**

三宅は1968年、直面する渇水と今後の水需要の増大に対処すべく、岡山県玉野市からの海底導水を計画。玉野市もこれまでの友好関係を重視し、行政区画を異にするにもかかわらず、直島町の計画に協賛。こうして翌年、両者は「友情の水」で結ばれた。

直島建築

初めて島を訪れた人は
道行く先々で
独特な建築に目を奪われる。
公共施設とは思えない
斬新なデザインは
直島建築と呼ばれている。

Information

直島町役場

京都にある西本願寺の飛雲閣や角屋の要素を取り入れながら、和洋入り交じった雰囲気を放つ建築に。屋根は銅製。酸化で緑色に変化することを踏まえて採用したと伝えられており、経年変化の妙を体現した建築といえるだろう。

- 香川郡直島町1122-1
- 087-892-2222（総務課）
- 地図／P252

島民の日常生活にしっかり根付いた町政改革の象徴

木製の外壁に曲線の窓枠を採用したり、天頂部の形状にまでこだわったり、凝ったディテールが面白い。

↑町役場の向かって右側のつくり。→最上部の空間に設けられた窓。本村を一望できるが、一般の通路が存在しないため非公開。

1970年代から
始まった
建築による改革

宮浦港から本村に向かう途中、右手の小高い山を見ていると、ダークグレーの窓で覆われた現代的な建物が見える。さらに進むと、左右対称の巨大な学校が見えてくる。そして本村に入ると、銅製の屋根をもつ見慣れない形状の町役場が現れる。これらの建築群は、直島建築と呼ばれている。9期にわたって島の行政を担ってきた名町長、三宅親連（→#21）が残したものだ。

1960年代まで島内の学校は3つの地区に分かれていたが、町長に就任した三宅は、教育施設を一か所にまとめる文教地区構想を打ち出した。保育園、幼稚園、小学校、中学校を隣接させ、さらに武道館と体育館を共有するという斬新なアイデアだ。島民だけでなく所轄官庁を説得する必要もあったが、三宅は島の将来を見据えて計画を推し進めた。そして、設計の段階になると、東京大学工学部建築学科の教授であった吉《よし》武《たけ》泰《やす》水《み》を頼った。当時は学生運動が激化しており、また担当者の変更などもあり同大の門下生であった石井和紘が担うことになったという。

石井が最初に手がけたのは直島町立小学校。大学は卒業していたものの、大学院に籍をおいた状態で進めた初仕事である。三宅はその働きぶりに感銘を受け、その後に続く教育施設、町役場、総合福祉センターなど、島内に設ける公共施設の多くを石井に依頼するようになっていったのである。

直島建築はデザインに注目が集まるが、最大の功績は島民の教育や生活を変えたことにある。教育施設では、小学生に中学校で授業体験させるなど、建築形態を活かした独自のカリキュラムを導入。また、グラウンドや体育館は島民が参加する各種イベントで活用し、1998年（平成10）以降は島外から少年サッカーチームを招き「親連杯」を開催。数十年を経た現在も、島の活性化に役立っている。

Profile

石井和紘

いしい・かずひろ／1944年生まれ、東京都出身。直島でのプロジェクトを進めながら、1976年に石井和紘建築研究所を設立。1990年、岡山県笠岡市の「数寄屋邑」で日本建築学会賞作品賞を受賞している。

カラフルな内装と
広い中庭が
子どもを迎える

町立直島幼児学園

1974年に直島幼稚園、1983年に直島保育園が建てられ、その後に合併。幼保一元化の先駆けに、全国の教育機関が注目した。

● 香川郡直島町1841
● 見学不可
● 地図／P250

マジックミラーを
多用したモダンな外観

直島町総合福祉センター

1995年に竣工。公共施設の中では比較的新しい。現代的な建築様式だが、ほとんどが木造建築。プールやホールで木骨トラスを採用している。

● 香川郡直島町3694-1
● 087-892-2458
● 一部施設は一般利用可
● 地図／P251

存在感を放つ
白い建築が
文教地区の象徴

町立直島小学校

1970年に竣工。シンメトリーのデザインを採用。中央の傾斜部分は、背後の山の斜面に合わせて設計された。一見、小学校には見えない。

- 香川郡直島町1600
- 見学不可
- 地図／P250

廊下には英語表記の案内板やアート作品が。右は図書室。スパイラル状の階段を登っていく。

直島で一番海に近い
宿泊施設も
直島建築の一つ

直島ふるさと海の家「つつじ荘」

1992年に竣工。島の南にある琴反地海水浴場に面した町営の宿泊施設。石井の設計は、エントランスや管理棟、和室を配した客室である。

- 香川郡直島町352-1
- 087-892-2838
- 宿泊料金
  和室（1名）4,200円～、
  パオ（1名）3,675円～、
  トレーラーハウス（1棟）8,400円～
  （※食事は料金別途）
- チェックイン15:00／チェックアウト10:00
- 地図／P253

文教地区構想の
仕上げの場となる
開放的なつくり

町立直島中学校

1979年に竣工。ブロックを組み合わせたような形状。直島で生まれ育つ子どもは、幼児学園から中学校まで10年以上をこのエリアで過ごす。

- 香川郡直島町1580
- 見学不可
- 地図／P250

中学校から続く
外観の奥に
広がる運動施設

町立直島中学校体育館・武道館

1976年に竣工。島民の利用を前提に町民体育館として補助金を得て、中学校よりも先に建てた。現在も、町の行事などで利用されている。

- 香川郡直島町3601
- 見学不可
- 地図／P250

モンゴル遊牧民の
住居を利用した
宿泊テントも

ふるさと海の家には、一般客室（和室）の「つつじ荘」エリアのほかに、2006年から加わった「パオ」エリアがある。パオとは、モンゴルの遊牧民が使っている大きなテント型住居のこと。天井が高い上、リビングスペースも広くとられ、快適に過ごすことができる。

Mitsubishi Limited Partnership Company

三菱合資会社

三菱合資会社による
製錬所の設置が、
離島の概念には収まらない
個性的な島を生む。

近代直島の
新たな指針をも生み出した
銅製錬業

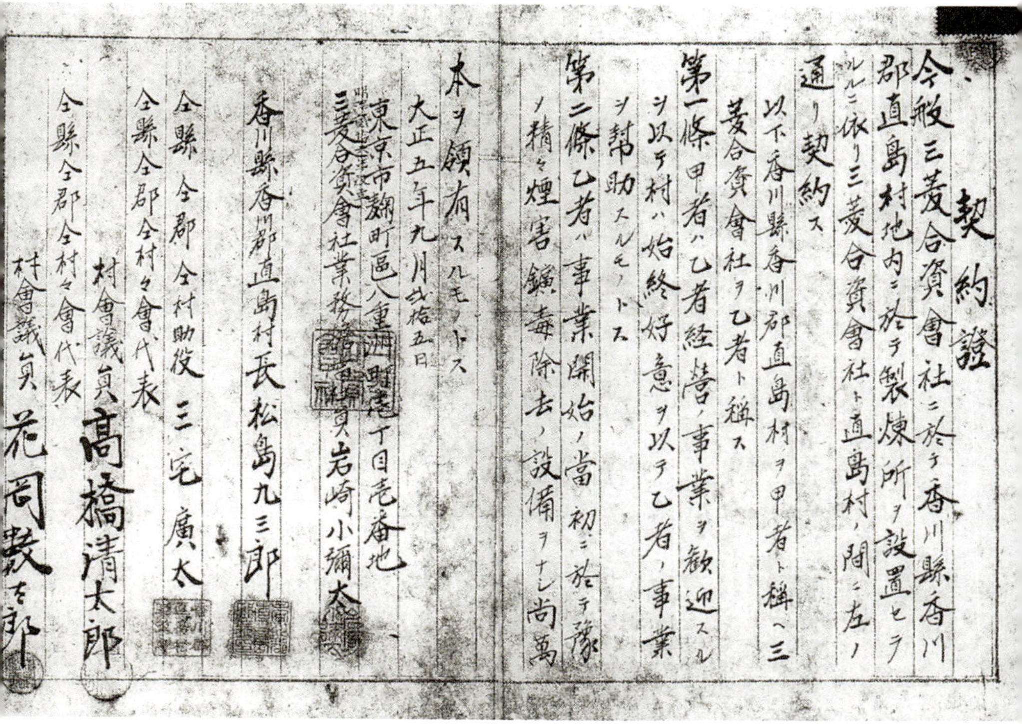
契約證
今般三菱合資會社ニ於テ香川縣香川
郡直島村地内ニ於テ製煉所ヲ設置セラ
ルルニ依リ三菱合資會社ト直島村トノ間ニ左ノ
通リ契約ス
以下香川縣香川郡直島村ヲ甲者ト稱ヘ三
菱合資會社ヲ乙者ト稱ス
第一條 甲者ハ乙者経營ノ事業ヲ歡迎スル
ヲ以テ村ハ始終好意ヲ以テ乙者ノ事業
ヲ幇助スルモノトス
第二條 乙者ハ事業開始ノ當初ニ於テ豫
メ精々煙害鑛毒除去ノ設備ヲナシ尚萬
本ヲ領有スルモノトス
大正五年九月貳拾五日
東京市麹町區八重洲町壱丁目壱番地
三菱合資會社業務執行社員 岩崎小彌太
香川縣香川郡直島村長 松島九三郎
仝縣仝郡仝村助役 三宅廣太
仝縣仝郡仝村々會代表
村會議員 高橋清太郎
仝縣仝郡仝村々會代表
村會議員 花岡數を郎

町に保管される製錬所設置に関する契約書

大正5年9月25日付の契約書。近代、そして現代に続く直島の発展は、この1枚の文書から始まる。

Profile

岩崎小彌太

いわさき・こやた／1879年、東京生まれ。2代目社長、岩崎弥之助の長男であり、三菱の創業者、岩崎彌太郎の甥。1905年にケンブリッジ大学卒業。1916年7月に4代目社長に就任、各事業部を株式会社として独立させ、三菱財閥の礎を築く。（写真提供／三菱史料館）

製錬所による経済的バックアップが、教育・文化・生活水準を高める

直島町は地域の固有性、伝統性とでもいうべき要素が色濃く残り、それらが歴史的・文化的遺産を数多く形成することで、町の個性となっている。その背景としては、四方を海に囲まれた離島であることがまず挙げられるのだが、一方でほかの島々と比べ、教育・文化・生活の水準が総じて高く、一般的な離島の概念には収まらないところがある。これは民生部分における経済的寄与が大きいからで、とりわけ製錬所が島に誘地されて以来、経済的なバックアップを得られていることが大きく関係しているのである。

時代は近代へと進み、明治末期から大正初期ともなると、従来の農漁業だけでは直島の経済は立ちゆかなくなっていた。そこで島の経済活性化を図るためには、もはや企業誘致のほかに道はないと、当時30代の気鋭の村長、松島九三郎は決断する。折しも第一次世界大戦

農漁業だけでは立ちゆかない島を支えた

多数の村民に就労機会を与え、生活の安定を図る上で、製錬所の誘致は当時の町政の最重要事項だった。

の好景気が日本を包み、産業界は受注に応えて工場での増産に転じていた。とくに基本資材となる金属製錬の必要性がいっそう高まっており、財閥系企業の銅製錬所設置の気運も表面化。なかでも「三菱合資会社」が製錬所新設のため、煙害被害を最小限に抑えられ、主力とする岡山県北西部の吉岡鉱山と宇野港でつながる瀬戸内海の島しょ部に、その用地を求めていた。

この情報を入手した松島村長は早速、村議会に対して誘致に取り組むことを提案。満場異議なくこの事業を村是として認め、村議会として決議したと『直島町史』には記されている。もちろん、煙害への不安は当初から指摘されており、後年には実際に煙害の被害も認められた。それでもお互いの立場を理解しながら問題の解決に当たってきた歴史は、評価に値すると島の人たちも考えている。それにこうした経験の積み重ねが、直島に知恵と行動力をもたらし、豊島問題に起因する「エコアイランドなおしまプラン」(→#25)に結実するのである。

直島町役場の金庫室には、当時の直島村村長、松島九三郎と三菱合資会社社長、岩崎小彌太の署名が

製錬所は島に雇用をもたらし、商業を生んだ

製錬所内には商業施設や娯楽施設などの事業活動も生まれ、一つの町といえるほどの活気に満ちた。

Information

三菱創業以来の貴重な史料を保管し、その歴史を紹介

最新技術を誇る
三菱にとっても
中核施設だった

英字表記の海外向け会社案内にも紹介されるなど、直島の製錬所は三菱の中核施設の一つだった。

第二次大戦中には
島の人口の半分が
製錬所に関わった

当初約300名の人員で操業を始めたが、約7,000名の島内人口の半数が製錬所に関わった時期もあった。

入った、直島村と三菱合資会社との製錬所設置に関する契約書が大切に保管されている。日付は1916年（大正5）9月25日。以来、島の多くの人々は製錬所と直接、間接を問わず関わりをもつ仕事に従事することとなり、農漁業の繁忙期ともなると、製錬所は多くの労働者の確保に頭を悩ます時期もあったという。裏を返せば、それだけ直島の経済を発展させ、家庭においては教育がより重視され、生活においては製錬所への船舶、電話などの導入が島に先進性を生み出し、社会においては生活必需品をはじめとする流通の進化、医療・厚生などの充実といった、多くの恩恵をもたらすのである。そして、このようにして整えられた近代の社会基盤の上に、現代における「アートの島」が存在するのだ。

三菱史料館

三菱創業以来の貴重な史料が保管されており、産業史・経営史の研究が専門家により進められている。自由に見学できる史料展示室では、三菱の歴史をわかりやすく解説。予約をすれば史料の閲覧も可能で、三菱のみならず近代日本の歩みも調査することができる。

- 東京都文京区湯島4-10-14
- 03-5802-8673
- 開館時間／10:00〜16:30（入館16:00）
  休館日／土·日曜·祝日、年末年始
- 備考／三菱の歴史に関する
  各種照会にも対応。

Mitsubishi Materials Corporation Naoshima Smelter & Refinery

三菱マテリアル株式会社直島製錬所

大正、昭和、そして平成と、直島の文化に根ざす大きな産業基盤

1917年（大正6）に三菱合資会社（→#23）の中央製錬所として設立されて以来、約1世紀にわたり直島の産業基盤を支え、町の発展に寄与してきたのが、現在の三菱マテリアル株式会社直島製錬所だ。社会基盤のベースメタルである銅の製錬を事業の中心としながら、化学工業の原料となる硫酸や、宝飾・資産のみならず先端産業に欠くことのできない金・銀・白金・パラジウム・セレンといった貴金属の生産を行っている。

なかでも1960〜70年代に開発された「三菱連続製銅法」は、熔錬炉、錬鍰炉、製銅炉、そして精製炉を樋でつなぎ、一連の処理を連続化。これにより設備自体をコンパクト化でき、省エネルギー、低コスト操業を可能とするだけでなく、従来法では各炉間の熔体移動に伴い不可避的に発生していた亜硫酸ガスの漏煙を防止し、効率よく排ガスを処理することができる無公害のシステムとして確立されている。これも直島の人たちとともに歩んできた長い

直島製錬所長、社長として直島町の発展に貢献

Profile

永野健

ながの・たけし／1923年、広島県生まれ。同製錬所長、社長を歴任。島の発展に尽力、直島町名誉町民第一号。（写真提供／直島町）

画期的な
独自の連続製銅法により
環境負荷低減を実現し、
リサイクル事業にも
力を注ぐことで
循環型社会の発展に
取り組む。

硫酸工場

熔錬工程で発生する
亜硫酸ガスは、
濃硫酸、石膏として回収。

銅電解工場

アノード（粗銅）は
電解精製され、
電気銅に。

歴史と、その間に構築された信頼関係があればこそ生まれた技術であり、世界が認める優れたシステムとして海外にも技術輸出されている。現在、直島町はカナダ・ティミンズ市と姉妹都市の関係にあるが、これも同市に銅製錬所を建てるにあたり、この技術が採用され、直島製錬所から多くの技術者が派遣されたことが、両者をつなぐきっかけとなっているのである。

また、三菱マテリアル株式会社直島製錬所はエコタウン事業「エコアイランドなおしまプラン」（→#25）においても重要な役割を担っている。既存の銅製錬施設を活用するとともに、「有価金属リサイクル施設」「溶融飛灰再資源化施設」を次々と操業、資源リサイクルやサーマルリサイクルといったリサイクル事業にも注力している。資源リサイクルでは、廃棄物などを焼却・熔融、脱塩処理し、含有している金属を回収し、再資源化。サーマルリサイクルでは、廃棄物などの焼却・熔融時に生じる熱エネルギーを、蒸気や電力として回収している。また、見学の受け入れなどを通じて、一連の取り組みを広く伝え、美しい瀬戸内海に浮かぶ直島の住人として、循環型社会の構築・発展に取り組んでいる。（写真提供／三菱マテリアル株式会社直島製錬所）

**無公害、高効率を
実現した
「三菱連続製銅法」**

銅熔錬工場ではコンピュータ制御された大型連続製銅炉により、生産効率を高めるとともに環境負荷の低減が図られている。

**三菱マテリアル
株式会社
直島製錬所**

- 香川郡直島町4049-1
- 087-892-2111（代表）
- エコプラント見学ツアーの問い合わせ／087-892-2299（直島町観光協会）
- 地図／P250

Keyword
#25

エコアイランドなおしまプラン

**行政と地元住民、
そして地場企業が一体となって、
町ぐるみ、島ぐるみの
エコアイランド化を推進。**

循環型社会システム構築への貢献を考えた直島の取り組み

直島は「一島丸ごと」エコタウンとして、国の承認を得ている全国でも希有な島である。

それというのも政府は1997年（平成9）、直面する環境問題に対処すべくエコタウン事業を創設。地方公共団体が地域の特性を活かして作成した「エコタウンプラン（環境と調和したまちづくり計画）」について、環境省と経済産業省の共同承認を受けた場合、当該プランに基づき実施される事業を総合的・多面的に支援することにしたのである。そして「エコアイランドなおしまプラン」も2002年（平成14）3月に承認を受けたのだが、実はその背景には当時、香川県が取り組んでいた豊島問題が深く関係していた。

豊島問題とは、豊島（→#31）を舞台に起きた戦後最大級の不法投棄事件に端を発する一連の問題をいうが、1997年（平成9）に香川県がその廃棄物などの処理に取り組むことになった。そこで直島にある「三菱マテリアル株式会社直島製錬所」（→#24）敷地内に、廃棄物中間処理施設を設置することが検討・協議され、2000年（平成12）3月に直島町が受け入れを表明。これを契機に香川県と直島町は「エコアイランドなおしまプラン」の作成に着手し、同製錬所もこれに参画。新たな環境

Column

なおしま環の里創生プロジェクト

ソフト事業の一つとして、積浦地区の休耕田でヒマワリや菜の花を栽培し、食用油を搾油している。油は町内で活用した後に回収、精製され、農業機械などの燃料や石鹸などに再加工。三菱マテリアル株式会社直島製錬所が運営主管となり、島ぐるみで循環型社会の構築を目指している。

Column

リサイクルの現場を知るエコツアー

直島町観光協会では、エコツアーを主催。香川県が管理運営する豊島廃棄物の中間処理施設「香川県直島環境センター」（写真提供／香川県）や、三菱マテリアル株式会社直島製錬所の「溶融飛灰再資源化施設」「有価金属リサイクル施設」といった最先端の施設を通じ、安全かつ安心なリサイクルシステムを紹介。

エコな島を目指すことで、豊島問題に貢献

↑戦後最大級といわれる不法投棄事件が起きた豊島問題を契機として策定された「エコアイランドなおしまプラン」の推進によって、豊島もクリーンな島に。自然と文化、そして産業の調和を絶えず追求してきた直島の知恵と経験が、周辺の島々にも好影響をもたらし、瀬戸内海の美しい自然が取り戻され始めている。

産業を創出（ハード事業）するとともに、環境と調和した町づくり（ソフト事業）を行うことで、町の活性化を目指すエコタウンプランとしてまとめ上げたのだ。

ハード事業では、三菱マテリアル株式会社直島製錬所内に溶融飛灰再資源化施設と有価金属リサイクル施設を整備。そして市町のゴミ処理施設や豊島廃棄物の処理施設などから発生する溶融飛灰、さらに廃棄された家電製品、自動車のシュレッダーダストなどを「都市鉱山」と位置付け、これを原料に金、銀、銅、鉛、亜鉛など、貴重な金属を回収している。また、ソフト事業においては町民や事業者、行政が協力して、ゴミの減量化やリサイクルの推進をはじめ、緑化、エコツアーの誘致、ワークショップ、環境シンポジウムといった環境教育・環境学習の場を積極的に提供しているのである。

このようにハード面では地場企業である三菱マテリアル株式会社直島製錬所が、ソフト面では行政と町民たちが、まさに両輪となってエコタウンを推進しているのだが、これも「自然・文化・産業の調和」に島を挙げて取り組んできた歴史があればこそ。地域に古くから根ざす企業と町民の相互理解、信頼関係が、直島を世界に類例のないエコアイランドにしているのである。

Keyword
#26

Nihon Mujinto Co.,Ltd.

日本無人島株式会社

三宅町長による
直島の観光産業育成構想に
藤田観光株式会社、小川社長が
名乗りを上げたことで、
島の観光基盤が整えられる。

海水浴場と
キャンプ場

↑「フジタ無人島パラダイス」は、琴反地海岸の海水浴場とキャンプ場からスタートした。

文化的な島の土壌となった
〝フジタ無人島パラダイス〟

1959年(昭和34)、町長選挙に初当選した三宅親連(→#21)は、直島の南部と周辺島しょ部の内海随一を誇る自然景観、そして町の歴史的な文化遺産を大切に保存しながら、観光事業に活用するという構想を明らかにした。三宅には、「経済は文化的な生活を営む支えとなるものであらねばならない」との信念があった。直島がその後、個々の利益追求のみを目的とした乱開発を免れ、「清潔な観光地」として今日の姿を留めるのも、三宅の功績である。

↑臨時便も乗り入れた。

とはいえ、観光開発事業には大資本の誘

Profile

小川栄一

おがわ・えいいち/1900年、長野県生まれ。京都帝国大学卒業後、銀行勤務を経て、藤田組に。1949年、藤田興業社長に就任。1955年、藤田観光を設立し、社長に就く。(写真提供/藤田観光)

←三宅町長ら直島町と、小川社長ら藤田観光とによる、現地視察の途中で撮られた記念の一枚。(写真提供／三宅員義さん)

↓→宿泊施設「ユーカリ・ハウス」を含め、一連の施設運営は親会社である藤田観光が担った。

広報なおしま
昭和37年12月1日
日本無人島株式会社
近く第一期工事を着手
まず姫泊・局島の開発から
大衆に安く豪華な保養施設を
観光立町の歩み
観光は週一日の新産業
土地買収にかかる
84万坪を確保
用地買収から今日まで

↑日本無人島株式会社による第1期工事が始まったことを伝える、昭和37年12月1日付の町の広報紙「広報なおしま」。

致が必要。しかも町が目指したのは、清潔・健康・快適な観光地として総合的に開発し、地元産業の育成に寄与するというもの。営利を目的とする企業には厳しい条件だったが、名乗りを上げたのが藤田観光株式会社社長、小川栄一だった。小川の観光に対する考えは、「従来の金もち独占の遊楽本位から、大衆のレクリエーションのための近代的観光産業へと発展させる」こと。町の方針とも合致し、ここに小川を代表とする日本無人島株式会社が設立され、島の観光開発が始まった。

そして1966年(昭和41)、琴反地海岸に「フジタ無人島パラダイス」がオープン。海水浴場、キャンプ施設が評判を集め、宿泊施設「ユーカリ・ハウス」の建設も着々と進み、事業は順調な滑り出しを見せた。だが、本格的な開発を前に、国立公園ゆえの厳しい規制や折からの経済不況、小川の死去などが重なり、藤田グループは事業からの撤退を余儀なくされた。それでも三宅の熱意が、同グループと福武書店(現・株式会社ベネッセホールディングス)を引き合わせ、福武總一郎(→#28)による「直島文化村構想」へと結実していくのである。

現代アートがゆっくりと
確実に浸透する直島。
その新たな姿に
町も人も変化を楽しみはじめた。

第5章 直島モダニティ

Chapter

5

Naoshima Modernity

もう一つのニューワールド。

『赤かぼちゃ』（草間彌生）とその内部。

Keyword
27

Benesse Art Site Naoshima

ベネッセアートサイト直島

直島をアートの島として国内外に知らしめ、
美術館という枠を超えて屋外にまで作品を展示。
活動の舞台は、直島のみならず周辺の島々にまで広がり、
瀬戸内海を世界屈指のアートの聖地へと導く。

アートと地域、ともに成長し続ける理想的な活動

『南瓜』
草間彌生

ベネッセハウスへ向かう道で迎えてくれるのは草間彌生の『南瓜』。（地図／P253）

（地図／P253）

地域固有の文化のなかに 現代アートと建築をおくことで、ここにしかない場所を生む

「ベネッセアートサイト直島」とは、直島をはじめ、豊島（→#31）や犬島（→#32）を舞台に株式会社ベネッセホールディングス、公益財団法人 福武財団が展開しているアート活動の総称である。その活動は作品の収集にとどまらず、アーティストや建築家を招いて「直島にしかない作品」を制作してもらう、サイトスペシフィック・ワークを基本としている。それを恒久設置することで、世界にふたつとない作品を鑑賞できる場を提供。日本で最初に国立公園に指定され、日本の原風景が残る瀬戸内の美しい自然のなかに、そして地域固有の文化のなかに「現代アート」と「建築」をおくことで、特別な場所を生み出していくことを基本姿勢としている。

その歴史を振り返ると、1989年（平成元）の安藤忠雄（→#33）監修による「直島国際キャンプ場」のオープンにまで遡ることができる。1992年（平成4）には、同じく安藤の設計による「自然・建築・アートの共生」をコンセプトにした、美術館とホテルの機能を兼ね備えた「ベネッセハウス」（→#29）が開館。同時に「直島コンテンポラリーアートミュージアム」という名称で盛んに企画展を実施するが、なかでも1994年（平成6）に開催された、美術館という空間を抜け出し屋外に作品を展示した「OUT OF BOUNDS」展は、その後のサイトスペシフィック・ワークへの重要なステップとなる。翌年には、安藤による宿泊専用棟「ベネッセハウス オーバル」も完成し、活動は確実に地歩を固めていくのである。

そして迎える1997年（平成9）に、その後の活動の大きなターニングポイントとなる「家プロジェクト」（→#40）がスタート。島の人々の生活が営まれている本村地区で、古い家屋を改修し、アーティストが家の空間をそのまま作

© Hiroshi Sugimoto

『苔の観念』
杉本博司

オンデュロイドという三次関数の一部を切り取って、立体で表した作品。苔庭に立てられている。

© Noboru Morikawa

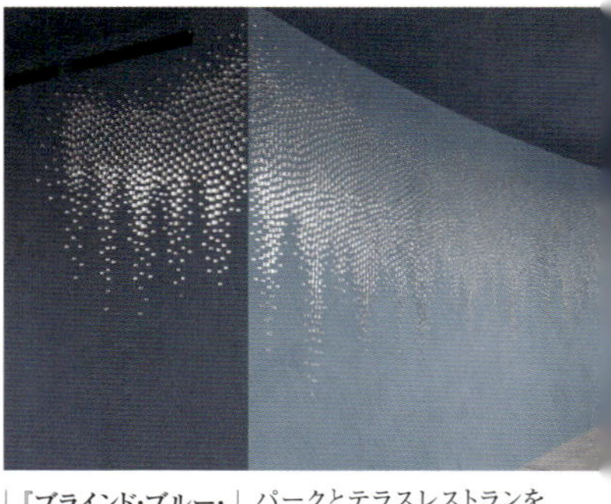

『ブラインド・ブルー・ランドスケープ』
テレジータ・フェルナンデス

パークとテラスレストランをつなぐ通路にある。約15,000個のガラスキューブが島の風景を映し出す。

Column

直島のアートシーンを知るための季刊誌

NAOSHIMA NOTE（旧 直島通信）

「ベネッセアートサイト直島」の活動内容を、アーティストや建築家など、関係者へのインタビュー記事をまじえながら詳しく紹介。そこには過去から現在に至る足跡のみならず、今後の展望なども盛り込まれているため、直島や周辺の島々のこれからの姿が垣間見え、実に興味深い内容となっている。発行は年4回。英文併記で、世界に向けて情報を発信中。

© Osamu Watanabe

『腰掛』
ニキ・ド・サンファール

フランス人の女性アーティスト、ニキ・ド・サンファールの作品は、ほかにも屋外にいくつか置かれている。

© Tadasu Yamamoto

『雑草』
須田悦弘

ミュージアム2階のコンクリート壁の境目に現れる作品。本物と見分けがつかないが、木彫に彩色したもの。

品化するという大胆な試みが、日本のみならず世界の耳目を集めることに。さらに2001年（平成13）には前述の直島コンテンポラリーアートミュージアム10周年企画として、「スタンダード」展を開催。さまざまな家や施設、路地を舞台とした展覧会を実施するに至り、直島は世界中の人々が訪れる島となる。2004年（平成16）には安藤の設計による「地中美術館」（→#34）も開館し、これまでの活動を総称してベネッセアートサイト直島と呼ぶようになり、直島におけるアート活動も活発化していくのである。

その後も、安藤設計の「ベネッセハウス パーク」「ベネッセハウス ビーチ」といった施設が次々と竣工、「直島スタンダード2」展も好評を博す。2008年（平成20）には三分一博志設計の「犬島精錬所美術館（旧 犬島アートプロジェクト『精錬所』）」も開館。そして2010年（平成22）に開催された「瀬戸内国際芸術祭」（→#30）を契機に、活動は直島や犬島から、豊島やほかの島々へと広がっていくのである。豊島においては建築家、西沢立衛とアーティスト、内藤礼による「豊島美術館」、犬島では建築家、妹島和世とアートディレクター、長谷川祐子の「犬島『家プロジェクト』」が展開中である。

© Kaori Ichikawa

島の南側に関連施設が並ぶ。

なお、ベネッセアートサイト直島では地域活動も積極的に展開。2006年（平成18）より継続中の「直島コメづくりプロジェクト」は、その代表例。また、地域の人たちが主体となって取り組んでいる「直島のれんプロジェクト」（→#6）にも協力。さらに建築家やアーティスト、アート活動に関連する著名人を講師に招いたイベントも随時開催。季刊誌『NAOSHIMA NOTE』も発行中だ。

文化的な島を目指し、志を同じくした当時の町長、三宅親連（→#21）と福武書店（現・株式会社ベネッセホールディングス）創業者、福武哲彦の思いは、今も後進たちにしっかりと受け継がれているのである。

Column

休耕田を開墾し、コミュニティの再生を目指す

直島コメづくりプロジェクト

2006年から2007年にかけて開催された企画展「直島スタンダード2」の関連企画としてスタートしたのが、直島で途絶えたコメづくりの復活。積浦地区に広がる休耕田を開墾することで、単に田んぼを蘇らせるだけでなく、村落共同体としてのコミュニティの再生にもひと役買い、失われつつある島の習慣や知恵、文化に対する理解を深め合う貴重な活動となっているのである。

福武總一郎

在るものを活かし、
無いものを創る――。
主体性や創造性の蓄積が
豊かな文化をもたらし
「よく生きる」ことにつながる。

人と自然を軸に、芸術と文化で地域再生を実現

福武書店（現ベネッセホールディングス）の創業社長にして父である福武哲彦の遺志を継ぎ、当時の町長、三宅親連（→#21）を中心とした町をあげての地域の再生に主体となって尽力。町議会に対し、単なる観光地としてではなく、人と文化を育てるリゾートエリアとして開発する「直島文化村構想」を発表し、1988年（昭和63）に事業化。以来、20年以上にわたり「ベネッセアートサイト直島」（→#27）の代表として、直島や周辺の島々を現代アートの聖地へと導いた立役者が、福武總一郎だ。

福武は「経済は文化の僕《しもべ》」という言葉を好んで使う。それは社長就任に伴い、東京から本社のある岡山に帰郷し、日本の原風景が残る瀬戸内海の自然美、そして直島の人々の暮らしぶりを目の当たりにして感じたことが関係している。曰く、「刺激、興奮、緊張、競争、娯楽、情報。東京はさまざまなもので溢れているが、精神的には非常に貧しい。一方で、直島の人は金銭的に裕福でなくても、いつも楽しそうな顔をしている」。この現実に福武はこれまでの価値観を覆されるとともに、一つの思いにとらわれる。それは「『在るものを壊して、無いものを創る』今の社会は、経済成長の陰で歴史や文化というものを喪失し、さらには自分たちのアイデンティティーをも失い

Profile

福武總一郎

1945年、岡山県生まれ。大学卒業後、福武書店（現ベネッセホールディングス）に入社。現在は同社会長、ベネッセアートサイト直島代表として、アート活動を牽引する。

郷土の美の風土が結んだ福武哲彦と国吉康雄の縁

福武書店（現ベネッセホールディングス）創業者、福武哲彦は、1979年に国吉康雄の描いた女性像『化粧』に出合い、購入を決意する。奇しくもふたりは同じ岡山県出身という共通点をもつが、この作品に対して哲彦がどのように感じ、何を思ったかという記録は残されていない。ただ、国吉の作品の美しさと独自性、そして見る者に考えさせる強い力が、国吉作品を収集する動機となったようだ。

そしてこの国吉作品が、実は「ベネッセアートサイト直島」の原点にもなっている。それは国吉が戦時下においてもアメリカで暮らし、時代や社会情勢に流されることなく、自らがどう生きるかを真摯に考え続け、それを作品化していったことと関係する。

つまり總一郎の言葉を借りれば、「彼の作品はさまざまな問題を抱える現代社会において、私たちは自分の意見をもち、信念を貫くことができるかという現代的な問題を投げかけ、自分はいかに生きるべきかを考えさせられることになる」のである。

『ミスター・エース』
1952年
福武コレクション

『化粧』
1927年
福武コレクション

©akg/PPS

Profile

国吉康雄

くによし・やすお／1889年、岡山県生まれ。17歳で渡米、活動を始める。1929年にニューヨーク近代美術館「19人の現存アメリカ作家展」に選ばれ、米国を代表する美術家のひとりとして注目を集める。1953年、米国籍の取得を目前に死去。（←『自画像』1918年 福武コレクション）

かけている。そうであるなら直島の町づくりを通じ、『在るものを活かし、無いものを創る』ことにより、歴史や文化というものを再定義したい」という思いだ。そして経済はあくまで手段であって、その目的は人が幸せになること、充実した生き方をすることにあるのではないかという自らの思いを、ラテン語の造語で「よく生きる」という意味をもつ「ベネッセ」という社名に込めるのである。

直島でプロジェクトを推し進めるにあたり、福武が卓抜していたのは現代アートに着目したこと。「現代美術の作家たちは、現代社会が抱える課題や矛盾というものを強く意識しながら創作活動をしている。よって、こうした作品は課題や矛盾に満ち溢れている都会に置くよりも、むしろ直島のような日本の原風景が残っているところに置いたほうが、相対的にメッセージ性を増して、作品も光を放つだろう」と考えたのだ。しかも、世界的に有名な作品は、歴史的な意味付けや解釈、評価がすでにされ尽くされているが、現代アートの場合は必ずしも評価が定まっておらず、初見では何を表現しているのかがわかりづらい。結果として、見る側が作品を理解しようと主体的に関わることで、意識や行動を変化させていく契機となり、「よく生きる」ことにもつながっていくのである。

さらに福武が、ベネッセアートサイト直島を展開するにあたり、アーティストたちがその場所のために制作したサイトスペシフィック・ワークや、あるいは作品を単体として鑑賞するだけではなく、展示する環境と関連付けて体

三宅親連と福武哲彦の思いを形に

↑視察で島を巡る当時の町長、三宅親連（右）と福武書店創業者、福武哲彦（左）。總一郎はふたりの遺志を引き継ぐ。

Column

直島の魅力を国内外に知らしめた屋外展覧会

スタンダード展

直島コンテンポラリーアートミュージアム10周年企画として2001年に開催。民家や路地、施設などを舞台に、13名のアーティストが作品を展示。そこに示された「基準」「規範」を通じて、「地域の固有性」や「グローバリズム」「近代的価値」を再考する試みは反響を呼び、2006年の「直島スタンダード2」展へと続いた。

↑福武が発表した「直島文化村構想」を詳述する、初期のパンフレット。

験するインスタレーションのようなパーマネント作品を、そのコレクションの中核としたことも特筆すべきポイントだ。定評のある作品を購入して展示するのではなく、作家と話し合い、発注して制作してもらう手法ゆえ、作品はその場でしか存在しえないものとなっている。自然の豊かな地に現代アートをもち込む発想もさることながら、このようにパーマネント作品にこだわったスタイルは、歴史的にも、また世界的にも類例を見ない独創的なものであり、福武の取り組みが国内外の有識者から高く評価される理由となっている。

そして何よりも重要な点は、その姿勢こそが福武の覚悟として地元の人たちに伝わり、今日に見られる島をあげてのアート活動の求心力となっていること。福武はいうのである。

「経済はフロー、文化はストック。現代は流行をつくらないと経済が成り立たない時代となってしまっており、つくっては壊しての繰り返し。それに対して文化はアイデンティティーや主体性、創造性といったものが蓄積されてはじめて成立するもの。やっぱり積み上げていく生き方のほうが、私は豊かだと思う」

だからこそ、現代アートを通じて直島を訪れる人たちを笑顔にし、島に暮らす若者から年配の人たちまでを勇気づけたい。そしてこのことによって、直島や周辺の島々、さらには美しい自然が広がる瀬戸内を、あらゆる信仰を超越した「新しい聖地」へと発展させていきたいのだと、福武は夢を膨らませるのである。

福武總一郎が最初に手がけた国際キャンプ場

↑「ベネッセアートサイト直島」は、安藤忠雄監修の、1989年の「直島国際キャンプ場」から始まり、活動の場を広げてきた。

Column

美術、建築、地域社会をテーマに発信するシンポジウム

直島会議

「ベネッセアートサイト直島」の根幹をなす美術と建築、地域社会を主要テーマに掲げ、世界中からアーティストや建築家、大学教授といった人たちを講師として招いて開催されているシンポジウム。直島をモデルケースに、過去を振り返り、現在を検証し、そして未来を考える知的な内容に、予約制の会議は毎回あっという間に定員を超えてしまう。しかも参加者は日本全国から。外国人の姿も見られる。

Keyword
#29

Benesse House

ベネッセハウス

島という特異な空間のなかで
建築とアートを媒介に
自然と人間の関係をより近くする。

〝自然・建築・アートの共生〟をコンセプトにした美術館とホテルの融合空間

©Osamu Watanabe

時を経て
建築が自然と
融和する

オーバル

宿泊者のみ立ち入ることのできる空間で、客室は開放感のあるスイートルーム、ツインルームからなる。

©Hiroshi Sugimoto

「光の棺」
杉本博司

2006年。パーク。幅7mの松林図を使い、写真と光を封じ込めた。コートヤードには苔庭のアート空間も。

©Tadasu Yamamoto

「雑草」
須田悦弘

2002年。ミュージアム。コンクリートの隙間に、まるで自然に生えてきたかのような雑草は木彫である。

4つの空間、多様なアートで訪問者を刺激する

「ベネッセアートサイト直島」(→#27)の中核的存在となるのがベネッセハウスである。ミュージアム、オーバル、パーク、ビーチという4つの棟からなる、「自然・建築・アートの共生」をテーマにした美術館と宿泊施設の融合空間だ。1992年(平成4)、安藤忠雄(→#33)の設計によって、最初の空間である「ベネッセハウス ミュージアム」はオープンする。国立公園に指定された見事な海景。その美しい背景をとり込むように、現代アート作品とホテル施設が絶妙なバランスでデザインされている。外からはその存在が自然の緑に隠されており、一歩なかに足を踏み入れると、そこはコンクリートの壁。しかし各所から周囲の自然を望むことができ、その眺めはドラマチックな印象と

©Tadasu Yamamoto

「天秘」
安田 侃

1996年。ミュージアム。無機質なコンクリートの壁に囲まれたこの空間のために造られた大理石の彫刻。

©Tadasu Yamamoto

「瀬戸内海の流木の円」「瀬戸内海のエイヴォン川の泥の環」リチャード・ロング

1997年。ミュージアム。直島に流れ着いた流木を使った作品と、故郷の川の泥を用いた作品。

「フォー・ラインズ」ジョージ・リッキー

1978-88年。ミュージアム。風を受けてゆったり、ゆらゆらと動く屋外作品。「三枚の正方形」という作品も。

©Tadasu Yamamoto

©Koji Murakami

「シップヤード・ワークス 船尾と穴」大竹伸朗

1990年。屋外。廃船からヒントを得て、愛媛県宇和島のアトリエで制作されたシリーズ作品。

して訪れる者に強く残る。ここでは、ブルース・ナウマン、リチャード・ロング、安田侃、杉本博司など現代アートを先導する数多くのアーティストによる作品に出合うことができる。

ミュージアム完成から3年後となる1995年（平成7）には、ミュージアム背後の丘の上にミュージアムとモノレールでつながれた宿泊棟、「ベネッセハウス オーバル」が誕生する。楕円形のユニークな建築で、その中央の空間には水が張られた水庭が配され、6つの客室がその庭を囲むという構造である。ベネッセハウス4つの施設のなかで一番高いところにある棟であり、当然のことではあるが、客室テラスからの眺望は見事なまでに美しい。安藤は後に「オーバルは予定外の増築であったが、逆にその時間のズレが自然な建築の展開につながった」と語っている。2006年（平成18）には「ベネッセハウス パーク」、「ベネッセハウス ビーチ」という宿泊棟2棟が新たに

©Tadasu Yamamoto

美術館のなかに
ホテルがある
特別な感覚

ミュージアム

ツインからスイートまで4タイプ10部屋を有する最も作品に近い宿泊棟。ほかすべての棟と同様、この棟の室内にもアート作品がある。

©SUZUKI Shin

加わり、全65の客室を有する規模となる。この2棟は安藤がベネッセのプロジェクトに関わってから最初の仕事となった「直島国際キャンプ場」の跡地に造られたもので、建築のみならずランドスケープデザインも安藤自身が行っている。パークのエントランスからアートスペースこそコンクリートが使用された空間づくりがなされているが、木造・切妻屋根という外観、環境に配慮した集成材が使用された温もりを感じられる客室という、安藤建築の新たな表情を楽しむことができるだろう。また、これらの建物には宿泊客以外でも利用できるテラスレストランや

Information

ベネッセハウス

©Kaori Ichikawa

©Tadao Ando Architect & Associates

6室のためだけに
設計された
丘の上のホテル

オーバル

客室数は6部屋と少ないが、それだけに静かな時間を過ごすことができる空間。ミュージアムからモノレールでアプローチするのも楽しい。

コンクリートと木造というコントラストの妙

パーク

木の温かみをもった客室のパークはツイン、ダブル、スイートなど全5タイプ41部屋。内装から家具類に至るまで安藤が手がけている。

©Osamu Watanabe

©Osamu Watanabe

- 香川郡直島町琴弾地
- 087-892-3223
- 宿泊料金／30,000円～（通常シーズン、1泊1室料金、税・サービス料込み）
- 地図／P253

www.benesse-artsite.jp/benessehouse

ショップなども併設されている。

もう一つ忘れてならないのが、屋外に置かれた作品群。時間とともに移り変わる風景や四季のなかで見る者にさまざまな印象を与えてくれる数々のアート。それらもまた、ベネッセハウスをつくり上げる大きな構成要素である。「内外の区別なく海景のなかに広がる〝境界のない〟美術館のイメージ」としたミュージム設計時の安藤の発想が具現化され、時の流れとともに成長し、生物が増殖するような生命感をもって、つねに新たな姿で我々を迎えてくれる。そんな場所がベネッセハウスなのである。

©Osamu Watanabe

ファミリーでアートを楽しむ最高の拠点

ビーチ

8部屋すべてがオーシャンフロントで、ファミリーの滞在にも対応するスイートタイプ。部屋からは瀬戸内の海と四国の山並みが堪能できる。

©Mitsuo Matsuoka

Chapter 5 Naoshima Modernity

Keyword #30

Setouchi Triennale

瀬戸内国際芸術祭

瀬戸内海の
島々を舞台に
3年に一度開催される
現代アートの祭典。

『20世紀の回想』
禿鷹墳上
→女木島

©Osamu Nakamura

海を渡り、島を巡り、五感でアートを堪能する

『宇野のチヌ』
淀川テクニック
→宇野港

『空の粒子/唐櫃』
青木野枝
→豊島

『漆の家』
漆の家プロジェクト
→男木島

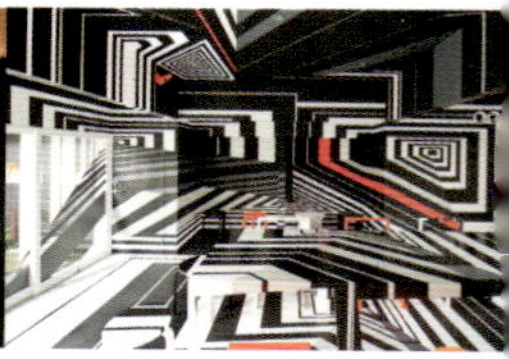

『あなたが愛するものは、
あなたを泣かせもする
(日本フランチャイズバージョン)』
トビアス・レーベルガー→豊島

『Liminal Air-core-』
大巻伸嗣
→高松港

Column

芸術祭を支える「こえび隊」

「こえび隊」とは、瀬戸内国際芸術祭ボランティアサポーターのこと。1日からだれでも参加でき、通年でのPR活動のほか、会期前後は作品制作や設置、撤去のサポート、会期中は運営、イベントの手伝いなど、さまざまな形で芸術祭を支えている。詳細はHPにて。

Information

瀬戸内国際芸術祭
実行委員会事務局
● 087-832-3123（平日のみ）

総合インフォメーション
● 087-813-2244
（土・日曜・祝日のみ）
※会期中は無休
● setouchi-artfest.jp

アートがつなぐ、海と人と文化の出合い

直島に始まり、豊島（→#31）、犬島（→#32）に現代アートをもたらした福武總一郎（→#28）が総合プロデューサーとなり、瀬戸内の島々をアートで元気にしようと2010年（平成22）に第1回目の「瀬戸内国際芸術祭」が開催された。直島、豊島、女木島、男木島（→#14）、小豆島、大島、犬島の7島と高松港周辺を舞台に、105日間の会期中にのべ93万8千人が訪れた。

参加する作家は、島ごとにその地域特有の資源や文化を活かす作品を手がけ、島民が積極的に関わることができるプロジェクトが多い。また、作品の一部は会期が終わってからも継続して展示、鑑賞者だけでなく島民にも、芸術祭を通じて、地域の個性や文化を取り戻すきっかけとなってほしいという思いが込められている。

瀬戸内国際芸術祭2013では、新たに中西讃の島々が加わり、参加する作家・プロジェクトも175名に上る。開催期間は3月20日からのべ108日間。安藤忠雄（→#33）の直島での新プロジェクト「ANDO MUSEUM」（→#39）のほか、夏には美術家の横尾忠則と建築家の永山祐子によるプロジェクト「豊島横尾館」なども登場する。

アートの舞台となる島々は増え続けている

1 小豆島
2 犬島
3 豊島
4 直島
5 男木島
6 大島
7 女木島
8 沙弥島
9 本島
10 粟島
11 伊吹島

『SEA VINE』
高橋治希
→男木島

『島キッチン』
安部 良
→豊島

『つながりの家』
やさしい美術プロジェクト
→大島

『遠い記憶』
塩田千春
→豊島

Column

「アートを通じて、その土地や生活、流れている時間を体感してください」

僕が「瀬戸内国際芸術祭」の総合ディレクターを務めることになったのは、2003年に福武總一郎さんと出会ったのがきっかけでした。僕は2000年から新潟県十日町市を中心に開催されている「越後妻有《つまり》アートトリエンナーレ」の総合ディレクターを務めていて、そこに福武さんが来てくださったのです。その後、福武さんから地元、瀬戸内で地域活性化のためのアートイベントをやりたいので協力してもらえないかと打診を受け、もちろん喜んでお引き受けしました。

四季折々の
美しい表情を見せる
瀬戸内海。

僕はそれまでに数回、瀬戸内海を訪れたことがあったのですが、島に渡るために乗った船から望む、海や島々の風景の美しさが印象に残っていました。一方で、直島はすでにアートの島として知られていましたが、それ以外の島のなかには過疎化が進んでいるところも多かったのです。かつて太平洋や東南アジアの玄関口として、人の往来も多く文化的にも成熟していた瀬戸内海の島々は、明治期に入り、陸路が発展したこともあり寄港地が徐々に衰退してしまいました。それによって島々は隔離されたのです。ですから、その話をいただいたときに、アートの力で瀬戸内海全体を盛り上げたいと思ったのと同時に、とくに過疎化が進んでいる島々を、ぜひとも率先して盛り上げたいと思ったんです。

アートの観点からいえば、福武さんは当時、すでに「ベネッセハウス」「家プロジェクト」「地中美術館」をつくり上げていて、それらの施設やプロジェクトをとおして、直島にサイトスペシフィック・ワークが展開されていました。僕も越後妻有で同じようなプロジェクトを手がけており、考え方は一致していました。美術館の均質空間をやめて、その場の固有のものに合わせた作品を生み出すこと。都市の芸術とは違って、その場所に作家が

瀬戸内国際芸術祭総合ディレクター

インタビュー／北川フラム

関わり、その土壌や時間も含めて初めて生み出される芸術はつまり、その土地、そしてそこに流れてきた時間と生活を含むことにもなるのです。ですから作品やプロジェクトは単独で存在するのではなく、地域の個性や文化を組み込んだ、ロケーションをひき立てるようなオリジナリティに溢れたアートとなります。作品は作家だけのものでなく、その土地土地で、歴史と文化を育んで生活してきた人たちのものでもある。そして、その人たち、また彼らがもつ文化や生活習慣こそ、注目されるべき、見習われるべきものなんです。島を訪れた人は、ぜひそういうところにも関心をもって、島の人たちに話しかけてみてください。僕は、アートを通してそういうところに目を向けられれば、自然と地域発展につながると思っています。

　また、瀬戸内国際芸術祭では「アートと島を巡る瀬戸内海の四季」というサブタイトルを謳っています。それは、アートを見るために島を巡ることで、海を渡る特別感を体感してほしいからです。瀬戸内海は日本の財産です。海は広くて大きいもの、しかし限りあるものです。海を大切にしなくてはいけない、汚してはいけないと思います。船に乗り、海を渡っているあいだに風やしぶきを受けるでしょう。そうやって五感が反応するなかで、海の美しさを体感してほしいのです。また四季を通じて、瀬戸内海のさまざまな表情を味わってもらいたいという思いから、いずれはこの芸術祭を通年化したいと、福武さんは思っています。

　海を渡り、島でアートに出合い、ゆったりと島の時間を味わえば、その土地の固有性に気づかされることになると思います。楽しみながら考えさせられ、そしてそれらを広げるきっかけにもなる。アートはそんな力をもっていると、僕は確信しています。（談）

「瀬戸内海の美しさをアートを通して守っていきます」

── 北川フラム

きたがわ・ふらむ／1946年、新潟県生まれ。アートディレクター。「アートフロントギャラリー」代表。1974年東京藝術大学美術学部卒業。「大地の芸術祭　越後妻有アートトリエンナーレ」総合ディレクター、「瀬戸内国際芸術祭」総合ディレクターなど、地域の魅力を再認識させるイベントやまちづくりに携わる。2003年フランス芸術文化勲章シュヴァリエ受勲。2006年芸術選奨文部科学大臣賞、2010年香川県文化功労賞など受賞多数。

Interview
with
Kitagawa Fram

Keyword
#31

Teshima

豊島

美しい棚田が広がる島の一角。
その地で湧き出る水と自然が
島を愛する人たちの心を支えた。
再生の歴史を刻みながら。

↑唐櫃地区の棚田。季節ごとに表情を変える。

豊かな自然とともに
新たな道を歩む選択をした
歴史の島

↓豊島から高松側を望む。兜島、大島が見える。

三つの集落を巡って自然、歴史、アートに触れる

直島の東、小豆島の手前に浮かぶ豊島。瀬戸内国際芸術祭(→#30)の会場の一つとなり、あらためて注目を浴びるようになった島だ。中央部にそびえる標高340メートルの檀山《だんやま》を中心に、三つの集落がある。玄関口として機能する港をもつ北西の家浦、棚田や美術館がある北東の唐櫃《からと》、丘陵地帯を越えた南西部に位置する甲《こ》生《う》である。観光に際しては、家浦でレンタサイクルやレンタカーを借りて移動するケースが多い。主要道は、三つの集落を回れるように島内を一周しているため、唐櫃側からでも甲生側からでも周遊できる。ただし、島内の見るべきスポットにすべて立ち寄って満喫するには、クルマを利用しても1日では足りない可能性が高い。豊島に宿泊しないときや、十分な滞在時間がとれないときは、事前にしっかり計画を練った方が無難だ。

もともと豊島は石材業が盛んだった土地で、豊島石と呼ばれる石を産出してきた。柔らかくて加工がしやすく火に強い特徴から、豊島石は灯籠の材料にされることが多く、軒数は減ったものの、現在でも石材業者が残っている。諸説あるが、その歴史は少なくとも鎌倉時代まで遡るといわれている。近代に入って盛んになったのは稲作だ。今なお、こんこんと湧き続ける名水「唐櫃の清水」を引き、良質の米をつくってきたのである。一時期、稲作が衰退したことがあったが、2009年(平成21)に唐櫃エリアでは棚田の再生プロジェクトが始動している。島民自らが参加して本来の美しい豊島の姿を蘇らせ、現在では約9ヘクタールの斜面に約270枚もの棚田が広がるまでに至った。実は、このプロジェクトは棚田に隣接した豊島美術館の建設に伴って計画されたものだ。運営を担うベネッセアートサイト直島(→#27)は、棚田と美術館を融合させ、新しい豊島のスポットとする方向性を打ち出したのである。瀬戸内国際芸術祭によるアート作品とともに、現在の豊島が直島のようなアートの島として知られるようになった背景には、このような歴史がある。

これまでも、ベネッセアートサイト直島は直島を中心に数多くのプロジェクトを手がけてきた。ただ、豊島で進められてきたプロジェクトは、瀬戸内海の自然環境や島民の生活との関わり方を示す上で、新たな可能性を見出

近年の豊島ではオリーブや柑橘類の栽培も盛んになっている。

豊島石でつくった香川県最古の石鳥居

家浦八幡神社

↑500年以上前の石鳥居。

家浦港から西側の神子ヶ浜方面へ約1km行ったところにある八幡神社。この神社で有名なのは、豊島石でつくられた石鳥居である。建てられたのは1474年の室町時代とされており、豊島石の歴史を裏付ける存在でもある。現在は、香川県で最も古い石鳥居として、県指定の文化財となっている。秋には太鼓台を使った祭りが催されるが、直島とは若干仕様が異なっており、同じ瀬戸内海でも島によって文化が違うことがわかる。

- 小豆郡土庄町豊島家浦2850
- 0879-62-4863
- 地図／P255

願いが叶うと地蔵の頭が奉納されるお堂

甲生薬師堂

↑心温まる首なしの由来。

室町時代に豊島を統治していたのは、豊島左馬之介という人物。ところが、攻め入ってきた細川勢に首をはねられ、憐れんだ島民は首のない地蔵を祀った。その後、ある人が首をつくって安置したところ、病気が治り願いごとが叶った。以来、豊島では首のない地蔵をつくって安置するようになり、島のあちこちで見られるようになった。そして、願いが叶うと、その地蔵の首だけを甲生薬師堂に奉納する習慣が広まっていったという。

- 小豆郡土庄町豊島甲生451-1
- 0879-68-2150（豊島観光協会）
- 地図／P255

西日本屈指の材木商だった豪商の邸宅

片山邸

↑立派な建築様式と島の歴史に触れることができる。

江戸時代後期に建てられた邸宅。長さ38mに及ぶ塀の東端に、銅板巻きの柱根をもつ入母屋造の長屋門がある。欅の銘木を用いた母屋は198㎡の広さ。屋根裏には「天保6年11月」と記された棟札が残されており、建築時期を裏付けている。ほかに、客室をもつ離れ家、床柱に斑入りの黒柿を用いた茶室、連子窓をもつ納屋、土蔵などがあり、見事な建築様式を見ることができる。南側の庭にあるソテツは樹齢700年といわれる。

- 小豆郡土庄町豊島甲生930
- 090-4336-3104（栗生）
- 地図／P255

すきっかけにもなったようだ。事実、来島者のなかには、各アート作品を鑑賞するための移動途中で、美しい風景を前に佇んだり、カメラを向けたり、田畑で汗を流す島民と言葉を交わす人たちも少なくないのである。

しかし実は、それ以前から豊島には美しい島の姿を守る意識が根付いていた。甲生に「片山邸」という古い民家が残されている。江戸後期から明治期にかけて、西日本屈指の材木商であった片山家の家だ。片山家は古くは崇徳上皇（→#9）に仕えたこともある家系で、記念碑まで建てられている名家。記念碑には、先祖伝来のソテツを島民に分けたことで島の各所でソテツが育ったこと、船を購入して貿易業を行い衰えていた家を復興させたことなど、材木商を営む以前の出来事が記されている。また近代は、豊島に打診のあった製錬所建設を、片山家当主が矢面に立って断ったことでも知られている。

焼杉板や石垣に挟まれた
集落の風景は
昔から変わっていない。

1970年代に入って、そんな島の歴史を大きく変える出来事が起こった。島の西側で民間業者による産業廃棄物の不法投棄が始まったのである。その後、全国に知られる社会問題になるも、島民による大規模な反対運動が巻き起こり、1990年（平成2）に兵庫県警が摘発。不法投棄は終わるが、結果的に50万トンを超える産業廃棄物が残ってしまった。後に「エコアイランドなおしまプラン」（→#25）が生まれたのは、この運動があったからだ。

片山家も島民も、美しい豊島の姿を維持することに尽力したのである。棚田の再生や豊島美術館の建設は、そんな島民の思いが反映されたものであり、現在では明るい豊島の未来像を描くシンボルとなっている。瀬戸内国際芸術祭を機に設けられた飲食店では、島の食材を使った料理が供され、豊島美術館では敷地内で独自に掘削した水源を用い、島の価値を新たに見出す試みが図られている。豊かな自然とともに生きていくという豊島の選択は、今も昔も変わっていないのである。

見事な彫刻が残されている真言宗の寺

十輪寺

1867年に本堂を建立した真言宗の寺。近隣の島々で数多くの作品を残してきた小豆島の大工、平間見之助が建築と彫刻を手がけた。本堂の向拝の上部には精巧な龍や鶴の彫刻が施され、内部の天井には装飾絵画が描かれている。両柱の礎石は和泉砂岩で、力士が背で柱を支える姿に削られている。境内の大きな銀杏の木とともに、見どころの多い寺として知られている。

- 小豆郡土庄町 豊島唐櫃1127
- 0879-68-2452
- 地図／P255

Information

豊島観光協会

- 0879-68-2150
レンタサイクル（電動・足動）

レンタルあき

- 090-7897-8660
レンタカー、
レンタサイクル（足動のみ）
- 地図／P255

景観と融合した豊島の象徴的な存在

© Noboru Morikawa

2010年に唐櫃地区の棚田の一角に建設された豊島美術館。水滴のような形をした建物は、コンクリート製のシェル構造で、広さ40×60m・最高高さ4.5m。天井に設けられた開口部はあえてガラスなどでふさがず、周囲の自然環境を直接取り込むよう図られている。

手がけたのは建築家の西沢立衛とアーティストの内藤礼。福武財団理事長の福武總一郎の「建築とアートと環境が一体化するもの」をつくりたいという思いに共鳴した西沢は、この土地ならではの設計を考え、研究開発された工法をもって独創性溢れる建築を実現した。

© Noboru Morikawa

内藤による「母型」。
空間すべてが
作品である。

内部にはいたるところから水が湧き出し、1日を通して「泉」が誕生する、内藤氏の作品「母型」が広がっている。そして鑑賞は、単に見るのではなく、空間に身を置いて五感で感じることになる。ふたつの開口部から入り込む光や風、鳥のさえずりやその響き合いが、季節の移り変わりや時の流れとともに無限の表情を伝えてくれるのである。まさに自然、アート、建築の融合を体感できる場といえるだろう。

Profile

© Shinkenchiku-sha

建築家
西沢立衛
にしざわ・りゅうえ／1966年、東京都生まれ。1995年、建築家、妹島和世氏とSANAA設立。2010年、プリツカー賞を受賞。2012年、日本建築学会賞を受賞。

アーティスト
内藤 礼
ないとう・れい／1961年、広島県生まれ。「地上にひとつの場所を」(第47回ヴェネチア・ビエンナーレ)、パーマネント作品に「このことを」(2001年、家プロジェクト「きんざ」、直島)。

豊島美術館

- 香川県小豆郡土庄町豊島唐櫃607　● 0879-68-3555
- 開館時間／3〜9月末10:00〜17:00(最終入館16:30)
  10〜2月末10:30〜16:00(最終入館15:30)
- 休館日／火曜(3〜11月末)、火〜木曜(12〜2月末)。
  月または火曜が祝日の場合開館、水曜休館
- 鑑賞料／1,500円　● 地図／P255

© Ken'ichi Suzuki

行く先々で出合える自然とアートが融合したひととき

豊島アート散策

1
あなたが愛するものは、あなたを泣かせもする

トビアス・レーベルガー

2階建ての民家を改装したレストラン「イル ヴェント」。天井、壁、床だけでなくテーブルやチェアにまで施されたグラフィックに囲まれながら食事を楽しめる。

- 香川県小豆郡土庄町豊島家浦2309
- 0879-68-3117
- 10:00〜17:00
  火曜休(3〜11月)
  火・水・木曜休(12〜2月)

2
100年の闇ほか

木下 晋

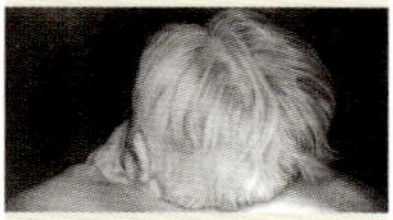

空家の1階と2階に、3点の絵画が展示されている。モデルは、国内最後の盲目の女性旅芸人。その晩年の姿が、10Hから10Bまで22段階の鉛筆で描かれている。

3
フラワー／ハッピースネーク

ジョゼ・デ・ギマランイス

瀬戸内国際芸術祭の会場の島に置かれた、案内看板でもある作品。地図を載せたサインボード『Flower』と歓迎の意を表すポール『Happy Snake』からなる。

4
遠い記憶

塩田千春

旧公民館を利用した作品。不要になった木製建具約600枚を、瀬戸内海の島々から集めてトンネル状に組み上げた。中からは、正面に水田、背後に海が見える。

5
トムナフーリ

森 万里子

竹林に囲まれた池の中央に建てられたガラス製のモニュメント。宇宙から届くニュートリノのデータを、岐阜県のスーパーカミオカンデから受信し、インタラクティブに発光する作品である。

移動手段は、レンタサイクルやレンタカーが一般的だ。アート作品単体を鑑賞するというより、展示された土地や風景など、周囲の環境を含めてゆっくり鑑賞するのがおすすめ。時間に余裕をもってスケジュールを組んでおきたい。

9

島キッチン

安部 良

「豊島のお母さんと丸ノ内ホテルのシェフが協働して、地元食材を使ったレストランを開く」というプロジェクトのための建築作品。改築された平屋のほか、広場を囲む半屋外の客席がある。

- 香川県小豆郡土庄町豊島唐櫃1061
- 0879-68-3771
- 10:00〜16:30
  土・日・月曜・祝日に営業
  季節により変更、要確認

6

空の粒子／唐櫃

青木野枝

「唐櫃の清水」の横に立つ。円形に切り出されたコールテン鋼をつなぎ合わせている。隣接する荒神社、清水の音、海に向かって広がる棚田など、豊島の歴史と環境を意識した作品。

7

ストーム・ハウス

ジャネット・カーディフ&
ジョージ・ビュレス・ミラー

©SUZUKI Shin

平屋を利用した作品。畳に座ると、照明や音響機器で再現された近づく嵐の気配・激しい雨・稲妻・突風・過ぎ去る様子を、約10分間の出来事として体感できる。

8

心臓音のアーカイブ

クリスチャン・ボルタンスキー

王子ヶ浜の端に立つ美術館。心臓音に合わせ電球が明滅する部屋、希望者の心臓音を採録する部屋、世界中から集めた心臓音をパソコン検索できる部屋で構成。

10

あなたの最初の色
（私の頭の中の解
［ソリューション］
―私の胃の中の溶液
［ソリューション］）

ピピロッティ・リスト

広場の脇に立つ土蔵内で体験できるビデオ・インスタレーション作品。奥に入っていくと、正円スクリーンが現れ、風景や花などをモチーフとしたカラフルな映像が映し出される仕組み。

↑愛知県立芸術大学の学生による作品。島内の家々を回り、割ってもらった石60個を積み上げた。

↑京都市立芸術大学の学生による作品。約8m四方内に犬島の伝説や風景をイメージした石を配置。

Keyword
#32

Inujima

犬島

↓約100年前の銅製錬所の遺構を保存・再生した犬島精錬所美術館（旧 犬島アートプロジェクト「精錬所」）。

↑「犬島チケットセンター」から犬島精錬所美術館に向かう途中、犬島の石を使った防波堤が見えてくる。

©Daichi Ano

歴史とアートが融合した新たな島文化

古くは花崗岩の採石、
近代に入ってからは銅の製錬、
そして過去の歴史から生まれた現代アート。
文化を育む小さな島。

300年も前から始まった歴史は今も進化中

直島の北東、本州から約3キロメートル南に浮かぶ犬島は、正式には犬島本島を中心とした犬島諸島全体を表す名称である。ただし、人々が暮らすのは犬島本島であり、一般に犬島といえば犬島本島を指すことが多い。犬島本島は周囲3.6キロメートルの小さな島で、島民は60名ほど。1日あれば徒歩で島内を回ることができる。一般にその名が知られるようになったのは、銅の製錬所跡地を利用した「犬島精錬所美術館」（旧 犬島アートプロジェクト「精錬所」）が始動して以降だが、花崗岩の採石地としての歴史は17世紀まで遡る。

島の玄関口、犬島港からも製錬所跡に残る煙突が見える。映画やテレビのロケ地としても活用されている。

1620年（元和6）に再建が始まった大坂城には、多くの大名から大きな石が寄進された。そのなかに、犬島で切り出された重量約130トンと推定される石があるのだ。現在も桜門で見られる巨石である。また近年、江戸城にも犬島の石が使われた史実が、古文書から発見されている。このように、犬島からは多くの石が運び出されていったのである。住民が最も多かったのは、明治30年代から40年代といわれている。大阪港築港に向けた採石業が盛んになり、加えて銅の製錬業に関わる人たちも島に集まったからだ。最盛期には5,000人以上の

天満宮

500年以上前に建立

もともと本社は、1469年に犬島本島の北西にある犬ノ島で建立された。その後、1711年に犬島本島に勧請され、1739年に再建立、1747年に石材で再建、1767年に拝殿を再建、1829年に本殿を改築など、由緒が細かく記録に残されている。春祭り、夏祈祷、秋祭りの際には、岡山から宮司が訪れ祭事を執り行っている。祭神は菅原道真公。多くの島民から慕われている。

- 岡山県岡山市東区犬島67-1
- 地図／P254

定紋石

採石の歴史を今に伝える

港から集落を通り、西の「岡山市立犬島自然の家」方向に道を上っていくと、左手に小さな看板が現れる。奥に続く道に入り、木々に囲まれた細い道を上ったところにあるのが定紋石である。1950年に島民が発見した。石の紋は左巻き三つ巴で佐賀県の鍋島藩の家紋と一致することから、大坂城の築城に際して切り出す途中の状態で残されていたのではないか、といわれている。

- 岡山県岡山市東区犬島223付近
- 地図／P254

Column

犬島のすべてを知る〝犬島のお母さん〟

港の近くで食堂兼雑貨店を営む在本桂子さんは、石材商の家に育った犬島島民。店では郷土料理を出したり、島の歴史を教えてくれたりと、来島者の要望に応えてくれる。レンタサイクルもある。

在本商店

- 岡山県岡山市東区犬島326
- 086-947-0279
- 10:00～15:30、不定休
- 地図／P254

山神社

採石に携わる人々の守り神

大山祇命が祭神。港近くの小山に鎮座し、採石業に関わる人たちの守り神として信仰されてきた。昔は1月、5月、9月の9日が祭日で、職人は仕事を休み、親方の家でご馳走を振る舞われた。また、境内では奉納相撲も催された。現在、島内の石材業者は1軒のみとなったが、祭りは続いている。神社の裏手にある大灯籠の跡は、灯台の名残りといわれている。

- 岡山県岡山市東区犬島324-3
- 地図／P254

Column

料理と音楽で犬島カルチャーを満喫

岡山市の飲食店「trees」の支店として2009年に開店。窓際のちゃぶ台席、壁際のソファ席など、民家を改装したインテリアが人気だ。また、2006年から続く音楽フェスティバル「犬島フェス」も主催。新たな離島カルチャーの先駆けとして注目されている。

trees犬島店

- 岡山県岡山市東区犬島324
- 086-947-1988
- 11:45～15:00、不定休
- trees-inujima.com
- 地図／P254

人々が暮らしていたとされる。現在は静かな風情が魅力となっている犬島だが、港周辺には飲食店を備えた旅館が並び、製錬所近くには共楽館という芝居小屋が建てられ、採石や製錬に従事する人たちで賑わった時期もあったという。

犬をモチーフに木彫り風に仕上げた京都精華大学の「(ふた)ラ イースラ デ ペロ」。集落にも多くの石が。

アート関連のプロジェクトが始まったのは、1996年(平成8)である。岡山市や商工会議所が主体となり行った、岡山城築城400年の記念イベント「岡山城ストーンヒストリー」が最初だ。「犬島の石を使った石彫り作品を現地制作する」という条件のもと、呼びかけられた芸術系大学のなかから、6つの大学の学生が参加を表明。春休みや夏休みにも島を訪れ、約2年がかりで島民と交流しながら制作が進められた。そして、2002年(平成14)には「犬島アーツフェスティバル」が開催され、大阪に拠点を置く老舗劇団「維新派」が製錬所跡地を舞台に野外劇を公演した。

その後、2008年(平成20)に、製錬所跡地が「犬島精錬所美術館(旧 犬島アートプロジェクト「精錬所」)として再生。ベネッセアートサイト直島(→#27)が手がけたことで注目を浴びるようになった。瀬戸内国際芸術祭(→#30)を機に開館した犬島「家プロジェクト」の作品なども加わり、現在、犬島を訪れる人々の目的は、歴史とアートが融合した新たな文化体験となっている。

集落内に現れる現代アート、犬島「家プロジェクト」

犬島「家プロジェクト」は、「瀬戸内国際芸術祭2010」の開催に合わせ、建築家の妹島和世とアートディレクターの長谷川裕子により進められた。第一期として設けられたのは、「F邸」、「S邸」、「I邸」の3つのギャラリーと、「中の谷東屋」。2012年12月まで柳幸典の作品が展示され、「瀬戸内国際芸術祭2010」が終了したあとも、多くの人たちが鑑賞に訪れた。「瀬戸内国際芸術祭2013」の開催を機に、2013年春からは第2期として、新たに2軒のギャラリー「A邸」と「C邸」を増設し、名和晃平、荒神明香、ジュン・グエン・ハツシバ、前田征紀、淺井裕介ら5名のアーティストで展開される。既存の「F邸」「S邸」「I邸」の展示作品も一新され、注目を集めている。

犬島「家プロジェクト」

- 岡山県岡山市東区犬島327-5
- 086-947-1112
- 開館時間／10:00～16:30(最終入館16:00)
- 休館日／火曜(3～11月)、火～木曜(12～2月)、祝日の場合開館、翌日休(ただし月曜祝日の場合、火曜開館、水曜休館)
- 鑑賞料／2,000円(犬島「家プロジェクト」、犬島精錬所美術館共通)
- 地図／P254

S邸

波打つアクリル製の壁面

Profile

妹島和世

akashi Okamoto

せじま・かずよ／1956年（昭和31）茨城県生まれ。1987年、妹島和世建築設計事務所設立。1995年には建築家・西沢立衛とともに建築ユニット「SANAA」設立。日本建築学会賞、米プリツカー賞など受賞多数。

Profile

長谷川祐子

はせがわ・ゆうこ／京都大学法学部卒業後、東京藝術大学大学院修士課程修了。水戸芸術館、世田谷美術館、金沢21世紀美術館を経て、東京都現代美術館チーフキュレーターに。国内外でビエンナーレを企画。

民家が立ち並ぶ集落内に突如現れる「S邸」。透明アクリルの壁が連なるギャラリーとなっており、周囲の民家や畑が透けたり映り込んだり、風景に溶け込むような空間となっている。第1期は「蜘蛛の網の庭」という作品を展示していた。第2期は荒神明香の作品を展示。

F邸

建築と作品を全身で感じる

山神社に隣接した古民家をリノベーション。できるかぎり梁や柱などを再利用したというギャラリー。第1期の展示作品は「山の神と電飾ヒノマルと両翼の鏡の坪庭」。第2期は名和晃平の作品を展示。

I邸

美しい花が咲く庭も魅力

古い家屋の木材や瓦を再利用したギャラリー。庭の花畑には、島民が育てた植物が利用され、四季の移ろいを感じることができる。第1期の展示作品は「眼のある花畑」。第2期は前田征紀の作品を展示。

中の谷東屋

休憩がアート体験になる

犬島「家プロジェクト」の作品を見て回る際の休憩所として設けられた東屋。軽やかなアルミ製の屋根の傾斜が周辺の景色に溶け合っている。屋根に開けた小さな穴からは自然光が差し込み、自然とのつながりを感じる。

歩きながら発見する、歴史とアートが交錯する風景

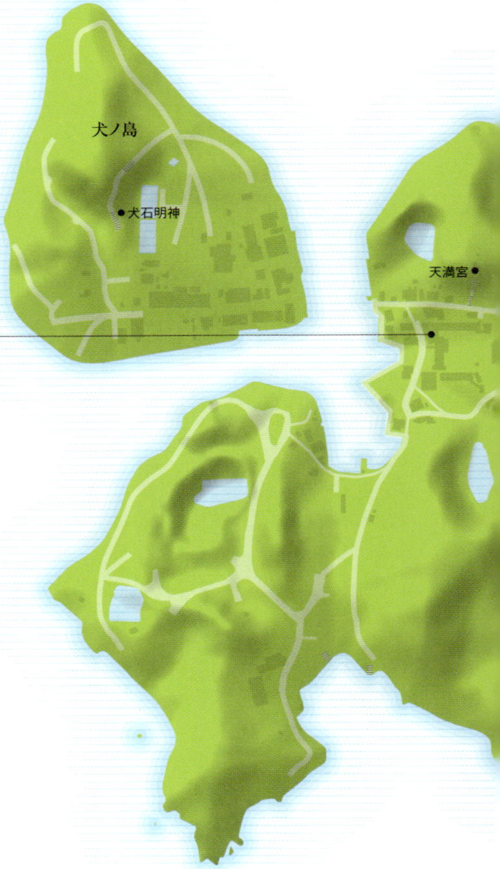

岡山市立 犬島自然の家

旧犬島小学校と旧犬島中学校を利用した岡山市立の社会教育施設。事前に予約すれば、シーカヤック(4〜9月)、天体観測、ストーンクラフトなどを体験できる。

● 岡山県岡山市東区犬島119-1
● 086-947-9001　火曜休

©Daichi Ano

©Daichi Ano

©Daichi Ano

犬島精錬所美術館

銅製錬所の遺構を保存・再生した美術館。実際に使われていた煙突や煉瓦を再利用しながら太陽や地熱などの自然エネルギーを活用したり、植物の力を利用した水質浄化システムを導入したり、遺産・建築・アート・環境を交えた創造性溢れるプロジェクトとして注目されている。

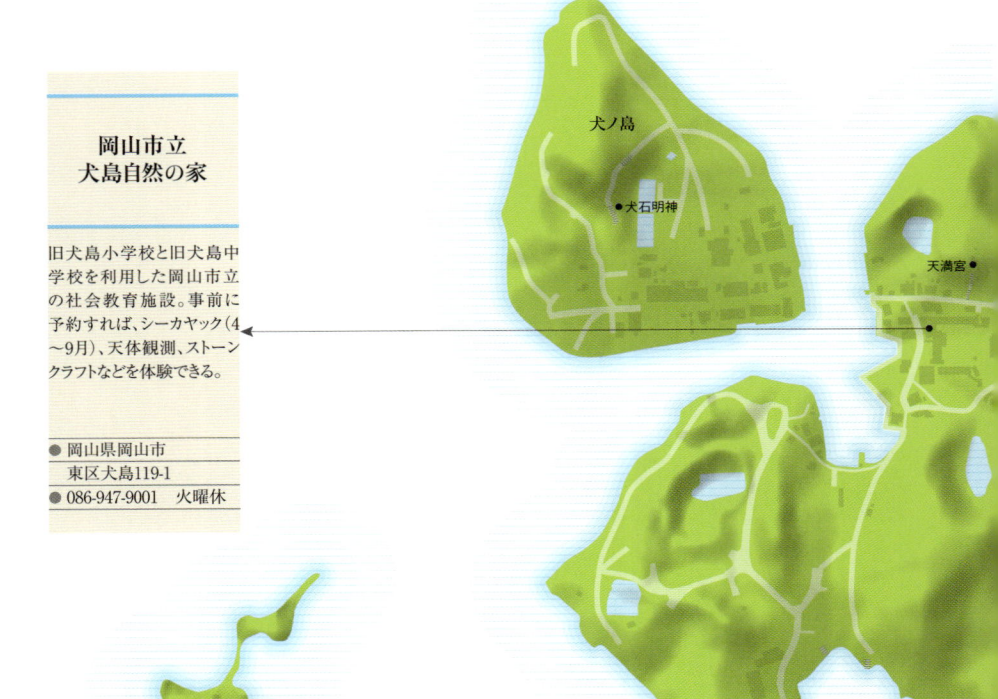

徒歩で十分に回ることができる。港に着くと犬島精錬所美術館に直行する観光客が多いが、先に島内を回り、休憩を挟みながら美術館に行く方法もおすすめ。岡山市立犬島自然の家方面まで足を伸ばすときは、時間に余裕がほしい。

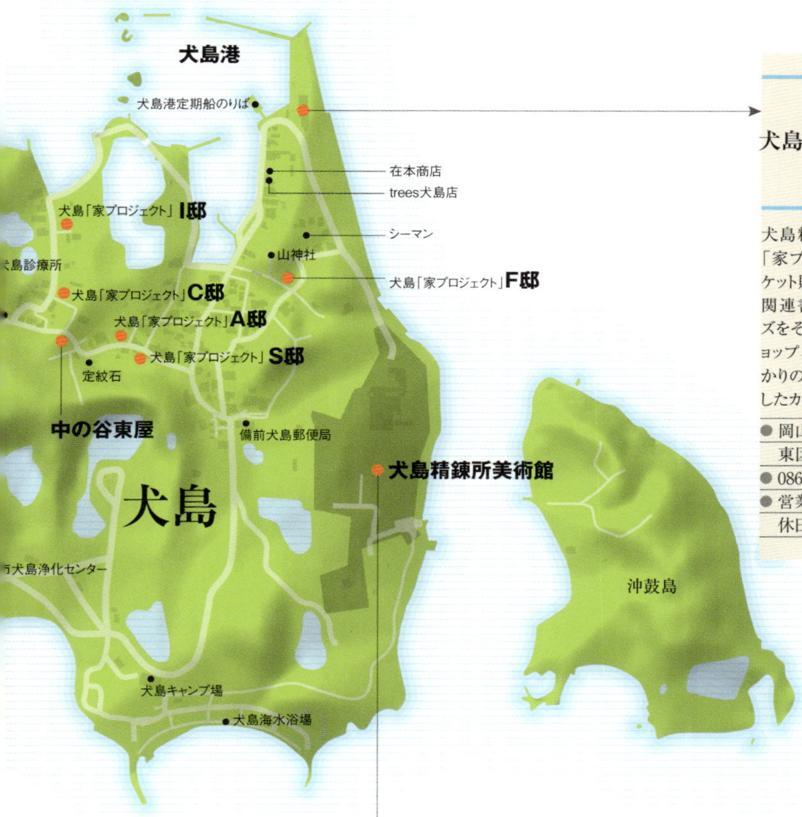

犬島チケットセンター

ストア／カフェ

犬島精錬所美術館と犬島「家プロジェクト」の鑑賞チケット販売所。建物内には、関連書籍やオリジナルグッズをそろえたミュージアムショップ、瀬戸内海や犬島ゆかりの飲食メニューを用意したカフェを併設。

● 岡山県岡山市東区犬島327−5
● 086-947-1112
● 営業時間／10:00〜17:00 休日は美術館に準じる

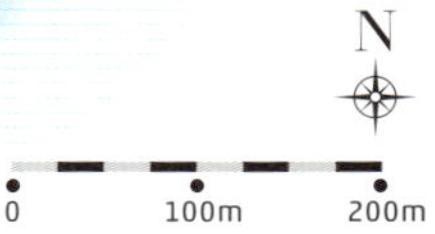

©Daichi Ano

● 岡山県岡山市東区犬島327-5　● 086-947-1112
● 開館時間／10:00〜16:30（最終入館16:00）
● 休館日／火曜（3〜11月）、火〜木曜（12〜2月）、祝日の場合開館、翌日休（ただし月曜祝日の場合、火曜開館、水曜休館）
● 鑑賞料／2,000円（犬島精錬所美術館、犬島「家プロジェクト」共通）　● 地図／P254

第6章　直島デザイン

Chapter

6

Naoshima Design

圧倒的な力を
自然のなかに潜め、
建築とアートは
直島ならでは個性を発信、
美しさを増す。

建築・アート縦横無尽。

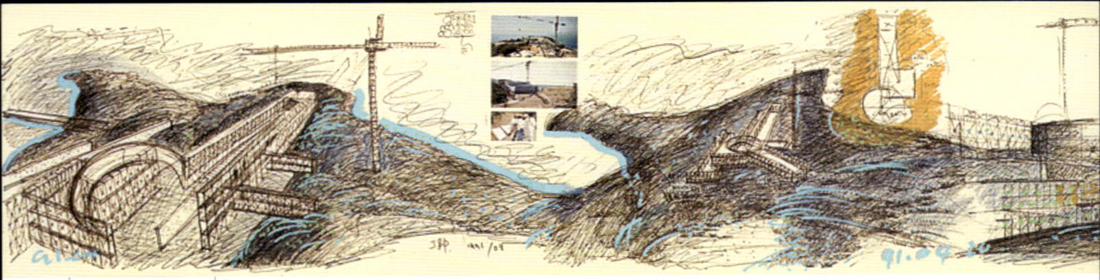

Chapter
6
Naoshima
Design

Keyword
#33

直島という
空間と時間を
世界に知らしめた
建築家

建物をあえて地中に埋め、
アート作品を通じて
自然と人間の関係性を
巧みに浮かび上がらせる。

Ando Tadao

安藤忠雄

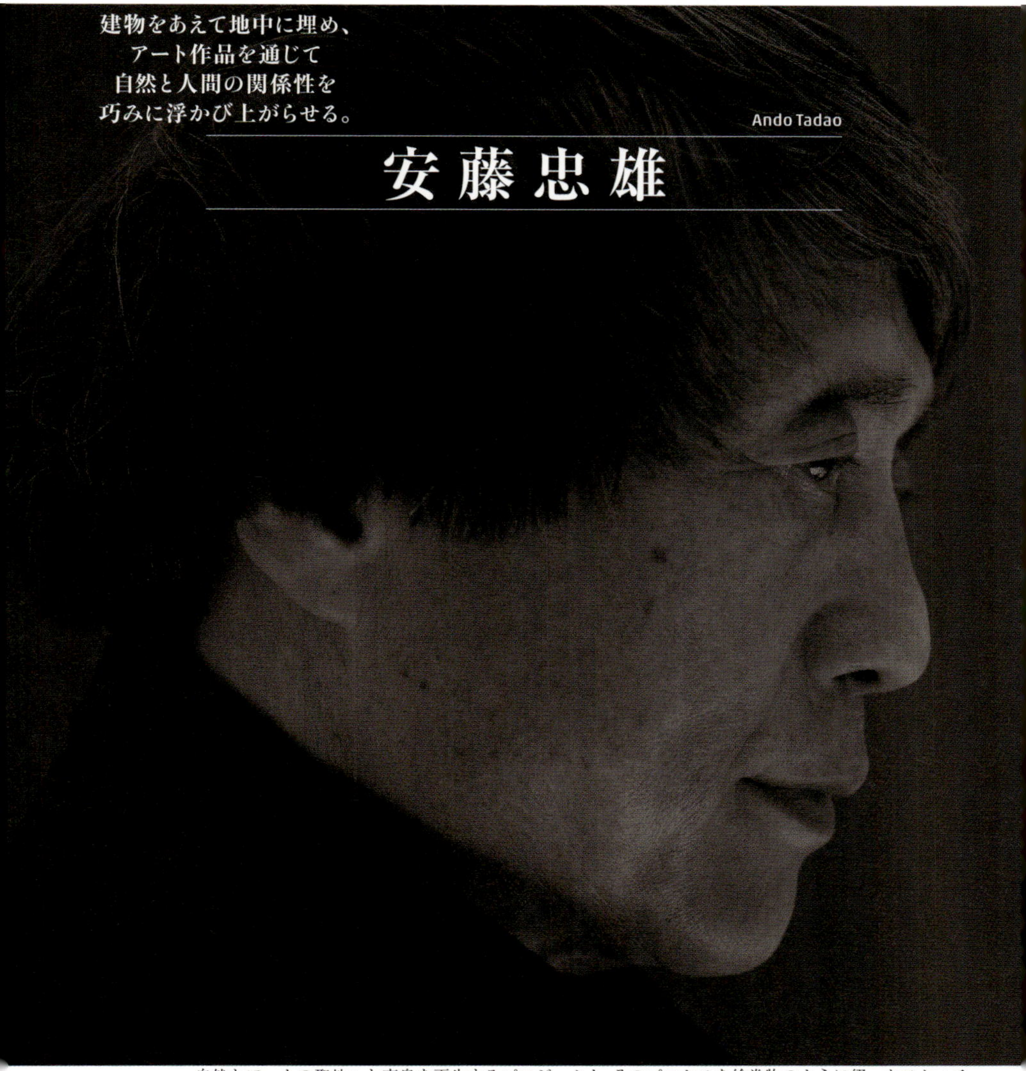

自然とアートの聖地へと直島を再生するプロジェクト、そのプロセスを絵巻物のように綴ったスケッチ。

人々の感性を刺激し、新たな発見や体験ができる空間を提供し続ける

建築家の安藤忠雄が、現在の直島や周辺の島々で展開されているアート活動「ベネッセアートサイト直島」(→#27)に初めて参加したのは1987年(昭和62)のこと。「人間にとって真のBenesse(よく生きる)とは何かを、アートと自然を通じて熟慮できる場所を直島につくりたい」という、福武總一郎(→#28)の壮大な着想に共鳴してのことだった。安藤はその構想段階から合流し、1989年(平成元)に完成した子どものためのキャンプ場の監修を担当したのに続き、これまでに4つの美術館と3つの宿泊施設の設計を務めるなど、20年以上にわたって同プロジェクトの中核的な役割を担ってきた。

「ベネッセハウス」も、紙上のスケッチから「オーバル」が生まれた。

1992年(平成4)には、「自然と建築とアートの共生」をテーマに掲げ、美術館と宿泊施設を組み合わせるという斬新なコンセプトに基づいた「ベネッセハウス」(→#29)をオープン。その後、本村地区の古民家などに修復を施し、空間そのものを作品化するという、1997年(平成9)スタートの「家プロジェクト」(→#40)において、内部にジェームズ・タレル(→#35)の作品を設置する家プロジェクト「南寺」の設計を手がける。さらに2004年(平成16)に完成した、クロード・モネ(→#37)ら3人のアーティストの作品を恒久展示する「地中美術館」(→#34)においては、「自然と人間を考える場所」というテーマのもと、アーティストとの対話を重ねながら建築とアートの融合を図った。そして2010年(平成22)には李《リ》禹《ウ》煥《ファン》とのコラボレーションによる、谷あいに位置する半地下構造の「李禹煥美術館」(→#38)が開館するのである。

安藤が手がけた「ベネッセアートサイト直島」における美術館には、共通したコンセプトが導入されている。その一つは屋外展示に象徴されるように、直島の自然環境をキャンバスに見立て、アート作品を通じて自然と人

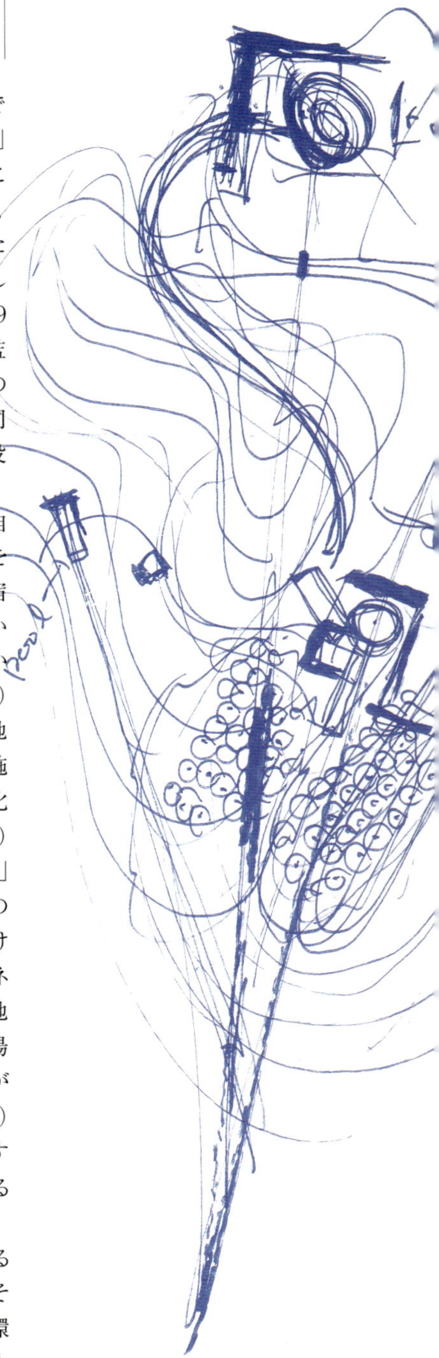

間の関係性を浮かび上がらせること。そしてもう一つは、直島の美しい景観を損ねないよう、建物の一部もしくはその大部分を地中に埋設させることだ。こうして、例えば「ベネッセハウス」ではゲストが建物外部に足を運び、周辺の海岸線沿いに設置されたアート作品を鑑賞するという趣向がとり入れられ、また「地中美術館」では季節や時間の移り変わりによって作品の表情が変わるよう、外部から絶妙な量の自然光をとり入れる設計が加えられている。そして美術館を訪れた人たちは、つくり手によるこうした仕かけによって、日常では意識にのぼりにくい光や風といった自然からの恩恵を、建築とアートを通じて考えさせられるのだ。

これまで安藤の建築は、「コンクリート打放し」の壁面をとり入れたスタイルが特徴の一つとされ、その美しい外壁がもたらす芸術性ばかりがクローズアップされることが多かった。これに対して安藤はかねてより、「建築の本質は外形のシンボル性にではなく、内部空間をいかにつくり出すかにある」という持論を展開してきた。「ベネッセアートサイト直島」のなかで手がけた建築についても、「訪れた人が内部空間を体験したときのインパクトを考えた。建築の役割というのは、アートや自然との出合いのなかで人々の感性を刺激して、新たな発見や体験ができる空間を提供することにある」と説明する。

自然も文化も、人間が豊かな人生を歩む上で欠かせないものだと考える安藤が、建築家という立場を超えて、積極的に参加してきた直島のアートプロジェクト。合理性だけを重視したグローバルスタンダードとは一線を画す、「直島メソッド」という新しい価値観が、今も世界の共感を集めている。そして安藤は、これからの「ベネッセアートサイト直島」において必要なのは、これまでのような大きな建築物ではなく、むしろ小さな建築物だという。なぜなら、限られた空間のなかでの「深化の追求」こそが、これから直島を訪れる人たちとの「進化の共有」になるのではないかと考えるからである。

Profile

安藤忠雄

1941年、大阪府生まれ。17歳でプロボクサーとなり、高校卒業後、独学で建築を学ぶ。1969年、安藤忠雄建築研究所を設立。近年の代表作に「表参道ヒルズ」「副都心線・渋谷駅」など。東京大学名誉教授でもある。

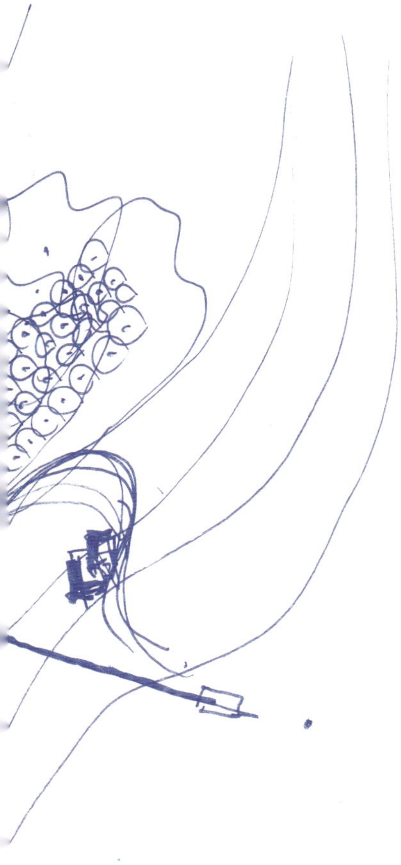

海景に溶け込む境界のない美術館

「ベネッセハウス」は岬の上に立つ。後に建てられる背後の宿泊棟「オーバル」の配置検討スケッチからも、海景との呼応が意図されているのがわかる。

直島から発信する

——「ベネッセアートサイト直島」において、福武さんが安藤さんに建築を依頼された理由を教えてください。

福武　構想として「自然と建築とアート」というのがあったわけですが、この対比と調和の追求は、いい換えれば「自然と現代美術」「田舎と都会」といった戦いでもあり、すごくチャレンジングな試みでもありました。こうした背景もあり、例えば「住吉の長屋」のような安藤さんの革新的な仕事内容や、かつてはプロボクサーであり、また独学で建築家になったという経歴に、「戦う建築家」という印象を強く抱き、私たちの取り組みとの共通点を見出したのです。ただ、正直にいえば、当初はその角張ったシャープな建築は、直島には合わないのではないかとも考えましたが、居酒屋でお目にかかり意気投合、といっても安藤さんはそこまでではなかったかも知れませんが（笑）、私は建築をこの人に委ねてみようと思ったのです。

——福武さんの構想をお聞きになり、安藤さんはどう思われましたか?

安藤　断りました（笑）、いや本当に。それというのも、「瀬戸内の直島を世界に誇れる自然と文化の島にしたい」といわれても、離島ですから現場に向かおうにもアクセスは悪いし、当時は瀬戸内の海も汚れていました。それに島の経済を支えた金属製錬の影響で、直島においても自然の一部が荒廃していましたから、こうした現実を目の前にして、そこで語られる福武さんの夢が壮大であればあるほど、私は絶望の淵へと追いやられていきました（笑）。しかも、最低でも20年はかかるとおっしゃる。この計画は、そしてこの会社は、本当に大丈夫なのかと。

福武　当時は福武書店という、田舎の会社に過ぎませんでしたから（笑）。

安藤　それでも福武さんのお話は、壮大であると同時に具体的であり、「ここが芸術の場となり、やがて世界中から人々が押し寄せて来るんです」という

> **戦う建築家という**
> **印象を強く抱き、**
> **私たちの取り組みとの**
> **共通点を見出した**
> —— 福武總一郎

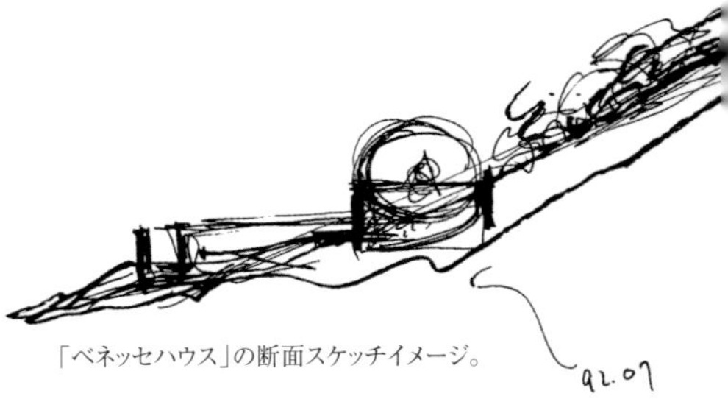

「ベネッセハウス」の断面スケッチイメージ。

話を聞いているうちに、「なるほど、そうなるのか」と思えてくるから不思議です。福武さんの想像力のたくましさ、そして情熱は生半可なものではなかったですね。それに私が一番強く惹かれたのは、お金で芸術を買ってくるのではないということ。世界に目を向ければ、いい美術館はたくさんあります。高額な有名作品を収集する美術館も少なくありません。しかし、福武さんたちは単にお金で作品を集めるのではなく、現代美術を手がける作家たちに自分たちの

福武總一郎 + 安藤忠雄

ベネッセホールディングス取締役会長
福武財団理事長
建築家

思いを伝え、また作家たちにもその思いに応えてもらうことで、コレクションを増やしていくという。こうした従来にはないアプローチに、私は大いに魅せられたのです。

――確かに福武さんが現代美術に着目されたことについては、世界においても高く評価されています。

福武　いや、それほど難しい話ではないんです。私は父の急逝という強い強

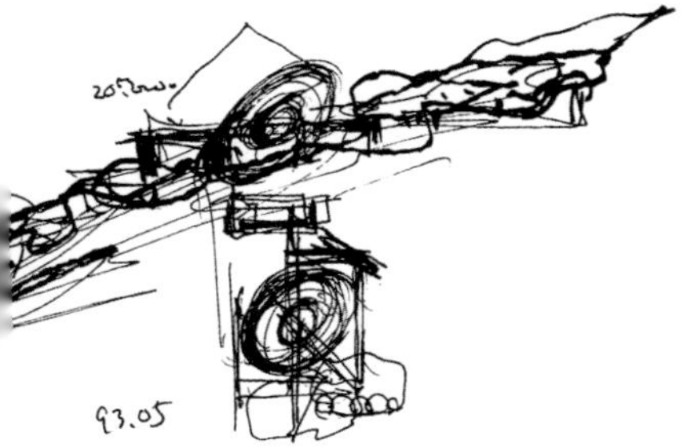

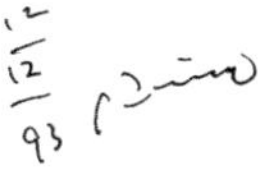

**想像力のたくましさ、
そして情熱は
生半可なものでは
なかった**
―― 安藤忠雄

制力により、東京から岡山に帰らざるをえなかった。そして父が亡くなる直前に、直島でキャンプ場を開きたいといっていたので、その遺志を継ごうということで島に何度となく足を運ぶようになったんです。そして眼前に広がるのどかな瀬戸内の風景と、島の人々の慎ましくも幸せそうな暮らしぶりに触れているうち、いつしか大都会、とりわけ東京の異常さばかりが目に付くようになったのです。東京には何でもそろっているとよくいわれますが、直島に見られるような「人間らしさ」という、肝心なキーワードがスッポリと抜け落ちているのではないかと。そこでメッセージ性の強い現代美術を通じて、東京に象徴される現代社会に対し一石を投じてみたくなったんです。それも直島に残された美しい自然と、安藤建築の力を借りて。

安藤　私は大阪ですからね（笑）。でも、今日まで一緒に仕事をさせてもらってきて、私が一番感じているのは、福武さんたちはとても上手に作家や作品を選ばれているということ。例えば草間彌生さんの黄色いかぼちゃがあるでしょう？　客観的に見ても、私は彼女の作品のなかであれが一番いいと思う。直島ではこの黄色いかぼちゃのように、その場所に行くと、その人の最高傑作に出合えるというのがすごくいい。草間さんの作品の場所は、福武さんが選ばれたんだけど、あの場所にして本当によかったですよね？

福武　あの場所はいいですね。

安藤　ジェームズ・タレルの作品なんかにしても、私は彼のことをよく知っていることもあって世界中でその作品を見てきたけれども、直島の作品が一番いいような気がします。ほかにブルース・ナウマンの作品も、本人の最高傑作なんじゃないかって思いますけど、このように世界中の一級のアーティストたちの作品にとって、一番いいといわれるところが直島にできた、それも作家本人を含む、だれもが認める場所ができたというのが、本当によかったと思いますね。

福武　これは安藤さんの建築のおかげです。とてつもない大きなガラスのドアや窓を設けたり、建物をすっぽり地中に埋めてしまったり。従来の美術館にはない発想で、どんどん新しい空間をつくり出してくれたから、私たちもそこにはどういう作品がふさわしいだろうかと考えるだけで心が躍り、本当に楽しかった。

——建築家としては、自分が手がけた建築が地中に埋もれて見えないというのは、寂しくないですか？

四半世紀に及ぶ活動の積み重ねの上に、今の直島や周辺の島々の魅力がある

Fukutake Soichiro + Ando Tadao

安藤　いやいや、建物というのはオブジェじゃないですからね。本来、建築というのは形ではなく空間が重要。「外に見える形はないが、そこに空間がある」というコンセプトへの取り組みは、私にとっても建築の本質を問うという点で、とても挑戦的な楽しい仕事でしたよ。それに福武さんがいっておられるように、直島においては眼前の海、瀬戸内の自然がすべて。ここにおいては人工物は見えない方がいい。面白いエピソードがあって、クリストが直島に向かうとき、大槌島周辺に整然と浮かぶノリの養殖筏を見て、「安藤、あれはだれの作品だ？」って（笑）。教えてあげたら彼は目を丸くしていたけど、余計に美しさを感じたんでしょうね、「ここでやりたいなあ」ってつぶやいていました。私が福武さんとの一連の仕事をお引き受けして本当によかったと思うのは、クリストのように島に向かって船に乗る人たちの目が輝いていること、そういういきいきとした表情に出合えることなんです。「これから行くぞ」みたいなね。世界中から訪れる人たちにこういう顔をさせられる場所は、日本においては直島しかないのではないかって、私は思うんです。

福武　直島と出合えたのは、本当に父と前町長、三宅親《ちか》連《つぐ》さんのおかげです。とくに三宅さんがいなかったら、今の直島はなかったでしょうね。乱開発を絶対に認めず、島と後世に資する観光だけを考えていた人でしたから。

安藤　三宅さんは個性的で、優れた町長でした。そしてこの人の精神が、お父上を通じて福武さんにも受け継がれている。その証拠に福武さんは一気に開発を進めるのではなく、時間をかけ、島の人たちや芸術家との信頼関係を醸成しながら事業を進めていった。結果として直島の存在も深く静かに浸透し、それが徐々に周辺の島々へと波及したから、瀬戸内海は世界から注目されるまでになったのだと思います。こうした四半世紀に及ぶ活動の積み重ねの上に、今の直島や周辺の島々の魅力もあるのだと思うのです。

福武　まったくその通りで、こうした蓄積を重ねることで直島を、そして瀬戸内を、真の豊かさを考える精神的な聖地にしていけたらいいですよね。

安藤　この上は福武さんに100歳まで全力投球してもらいたいですね。

瀬戸内を
世界に示した
パトロナージュ。

文・松葉一清
武蔵野美術大学教授

直島が属する香川県は、日本でも指折りの「建築県」のひとつだ。太平洋戦争後、知事を6期つとめた金子正則は、丹下健三の代表作「香川県庁舎」の施主であり、大江宏、芦原義信、大高正人ら気鋭の建築家たちを公共建築に起用して、文化資産としての建築作品を県内各地に残した。地方政治家、自治体首長としての見事なパトロナージュの発揮だった。金子の現代建築にかける情熱は、知事を退いてからも衰えることなく、安藤忠雄が高松で手がけた商業施設の建築現場でよく目撃された。

直島も「建築県」の一角を担う。ここでのパトロンはひとりは町長を9期も続けた三宅親連であり、その公共の識見を継承発展させたのがベネッセの総帥、福武總一郎である。直島八幡宮の宮司だった三宅は太平洋戦争開戦前夜、国粋主義者の団体の一員として活動したことでも知られ、彼の起こしたある事件の地裁公判の担当判事が金子であった。その奇縁で三宅と金子は、通じるところもあったとも、三宅が対抗心を持っていたとも聞く。いずれにせよ、県知事と孤島の町長が、国家観は異なっていたものの、定見のもとに建築による地域づくりを意識していたことは興味深く、それが今日の芸術の島・直島に結びついた経緯を忘れてはなるまい。

つまりはパトロンのありかたである。識見を持つ地方政治家は、明治の開国以来、地方をただの辺鄙な地にとどめることなく、世界に伍する場とすべく、公共施設を常に国家レベルを意識しながら整備してきた。その果実が香川県庁舎やメタボリズムを実践した坂出人工土地であり、直島町役場や島内の大規模な教育施設である。そして、それらは日本が産業優先で高度経済成長の道をひた走った時代の理想的なパトロンの姿であった。

岡山ゆかりの教育出版社の総帥、福武總一郎が、民間の資力で直島を芸術の島としたのは、成熟していく日本という国家の「これから」の指標となる行動である。直島は三菱マテリアルの長年の産業活動による「疲労」から抜け出る必要もあった。その意味でも、福武の芸術を核とする「島興し」は、個別解を超えた広がりを持つものであり、さらに安藤忠雄という世界に通じる建築家が不断に直島と関わり続けることにより、普遍解は世界のものとなっていくのである。

現代建築を駆使した愛すべき地元へのパトロナージュ、それに応える世界的な建築家、安藤忠雄。香川県、そして実は直島の目と鼻の先である岡山・倉敷もそこに加えるなら、瀬戸内の豊かな自然・歴史資産と現代の創造が奏でる豊穣で幸福感あふれる調べが、直島を中心とする一帯を包み込んでいる姿を想像するのである。

「建築による
地域づくりが
芸術の島に結びついた」
—— 松葉一清

1953年、神戸市生まれ。京都大学建築学科卒業。朝日新聞特別編集委員などを経て、2008年、武蔵野美術大学教授。近代建築史、近代都市史、現代建築評論。おもな著書に『近代主義を超えて』（鹿島出版会）、『帝都復興せり!』（朝日文庫）、『アンドウ―安藤忠雄・建築家の発想と仕事』（講談社）など。

Keyword
#34

Chichu Art Museum

地中美術館

自然の一部を建築にとり入れアートと共生する

三角形の中庭を囲むコンクリート壁のスリットから、裏側にある回廊に明かりをとり込むつくりとなっている。

緑の丘の"地中"で体感する自然とアート

地中へと導くコンクリートの回廊。
その先に広がるのは、
光と闇が交錯するアートの迷宮。

©Mitsuo Matsuoka

©Kaori Ichikawa

緑の丘に点在する幾何学模様はそれ自体がアート

上空から見た地中美術館の全景。左手下のスロープが、入り口へのアプローチとなっている。

自然のなかで アートと建築が 対等な関係を築く

美術館と宿泊施設が一体となった「ベネッセハウス」(→#29)、江戸時代から残る古い家屋を改修し、空間そのものを作品化した「家プロジェクト」(→#40)に続くアートスペースとして、2004年(平成16)に設立された「地中美術館」。直島の南側斜面に静かに佇むこの美術館は、その名が示す通り、建物の大半が地下に埋設されている。地上と地下を隔てるのは、小高い丘の中腹にひっそりと佇む、1枚のコンクリートの壁。ここに開けられた細長い開口部を抜けた先に、光と闇が交錯する、現代アートの迷宮が広がっている。

この美術館を設計したのは、安藤忠雄(→#33)。初期の段階から「ベネッセアートサイト直島」(→#27)のプロジェクトに参加してきた安藤は、季節ごとに表情を変える瀬戸内の風景に魅せられ、それを建物の外観に見立てて地中美術館を設計した。「外観のない建築物をつくる」という大胆な発想は、瀬戸内海の美しい風景を損ないたくないという、シンプルな願いから生まれたものだ。

安藤は、ここに作品が恒久展示されているジェームズ・タレル(→#35)、ウォルター・デ・マリア(→#36)、クロード・モネ(→#37)と同列の、4人目の〝アーティスト〟として地中美術館建設プロジェクトに参加した。一般的に、美術館では、展示される作品こそが主役。建築は、アート作品を入れる器でしかありえない。しかし、地中美術館においては、建築とアート作品は対等な関係にある。展示されている作品は、建築と一体となって初めて完成する、サイトスペシフィック・ワークであり、この空間に、同時に存在することに意義があるからだ。

安藤とタレル、デ・マリアが、綿密なディスカッションを重ねながら、作品を同時に制作してゆくさまは、一流のジャズ・ミュージシャンがセッションを行っているようだったという。希代の才能が集った〝一期一会〟の結果として残されたもの。それが地中美術館なのである。

地中美術館 フロアプラン

B1

B2

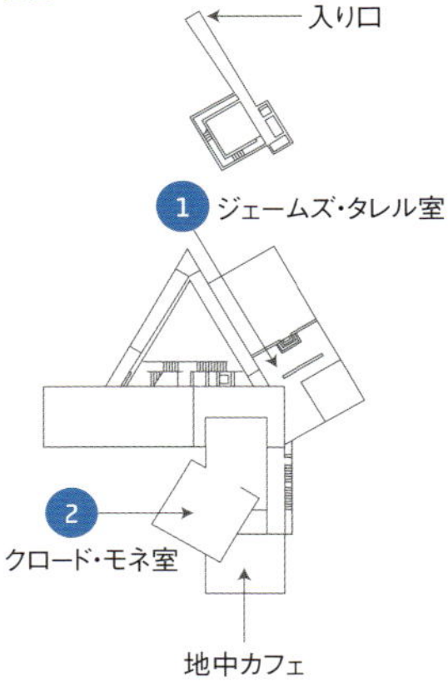

B3

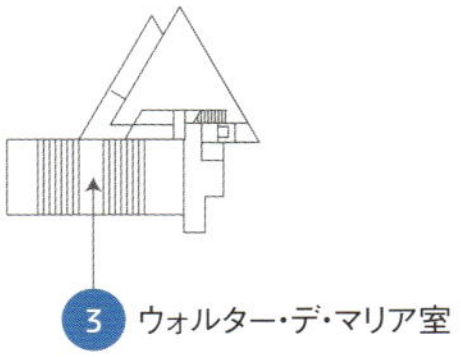

Column

鑑賞後に立ち寄りたいインフォメーションセンター

地中美術館チケットセンターに併設するインフォメーションセンターでは、直島産の塩「SOLASHIO」を使ったジェラートやオリーブサイダーなど瀬戸内の特産品を販売している。豊島、犬島の美術施設の案内も。●10:00〜18:00(3〜9月)、10:00〜17:00(10・11月)、12〜2月休

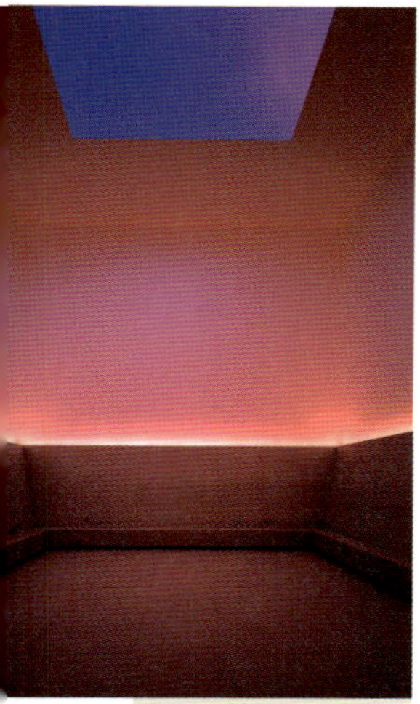

©Mitsuo Matsuoka

1 ジェームズ・タレル室

光のアートを全身で体感

光そのものを対象化し、アートとして提示するジェームズ・タレル。ここでは初期から現在までの代表的なシリーズから選ばれた3つの作品を展示している。年代を追って鑑賞すると、対象化された光を外から眺めるスタイルから、光を全身で体感するスタイルへと移行する、タレルの光の扱い方の変遷を体験できる。日中は自然光での鑑賞だが、「オープン・スカイ」では、人工光を用いたナイトプログラムも鑑賞できる（要予約、参加費別途500円）。写真／「オープン・スカイ」2004ナイトプログラム。

©Mitsuo Matsuoka

2 クロード・モネ室

光と白が織りなす静寂の世界

モネが晩年に描いた5点の「睡蓮」を展示。パリ・オランジュリー美術館に永久設置された4点と同じシリーズの作品を、自然光のみで鑑賞できる。角のない壁、大理石や漆喰を使った白の演出、自然光による間接照明など、他に類を見ない展示空間そのものも注目に値する。床、壁、額縁に、それぞれ質感の違う白を用いることで、モネ独特のうねるような筆触や油絵具の質感を、十分に感じとれるようになっている。

Walter De Maria'Time/Timeless/No Time' 2004
©Michael Kellough

3 ウォルター・デ・マリア室

刻々と表情を変えるアートスペース

直径2.2mの球体と、27対の金箔を施した木製の立体を配置。展示室は、空間全体を作品と考えるウォルター・デ・マリアの指示により、広さ、高さ、天井の採光などが決められた。東西に長い天窓から差し込む太陽光は、1日をかけて展示室を横断。時間帯や季節によって変わる採光状況に応じ、作品の印象も変化する。時折、静寂を引き裂くように、聞こえてくる低いドラム音もデ・マリアによる音のアートだ。

地中美術館

- 香川郡直島町3449-1
- 087-892-3755
- 開館時間／
  10:00〜18:00（最終入館17:00／3〜9月）
  10:00〜17:00（最終入館16:00／10〜2月）
- 休館日／月曜（祝日の場合翌日）
- 鑑賞料／2,000円（15歳以下無料）
- www.benesse-artsite.jp/chichu/index.html
- 地図／P253

Column

鑑賞体験の締めくくりは地中カフェで

目の前に瀬戸内海の美しい風景が広がる絶好のロケーションで、ソーダやコーヒーのほかサンドウィッチなどの軽食もある。居心地のよさに時間を忘れてしまうほど。屋外スペースも設けられており、外に出るとよりいっそう、豊かな自然を感じることができる。

James Turrell

ジェームズ・タレル

上下も奥行きも定かでない
ブルー一色の光で満たされた
無限空間にたゆたう。

光に存在感を与えるアーティスト

全身を包む
光を感じる、
新しいアートのかたち

『オープン・フィールド』
2000年

奥行きを感じさせない開口部の先には、青一色の光で満たされた空間が広がる。光のなかに入り、光に包まれる、不思議な体験をする。

© Mitsumasa Fujitsuka

『アフラム、ペール・ブルー』

1968年

Profile

ジェームズ・タレル

1943年、米・ロサンジェルス生まれ、米・フラッグスタッフ在住。知覚心理学をはじめ、数学、天文学などの自然科学の諸分野と美術史を学び、アメリカ航空宇宙局研究所に3年勤めた後、光を用いた実験的な作品の制作を始める。

←プロジェクターで部屋のコーナーに光を投影する初期の作品。遠目には、光でできた立方体が空間に浮かんでいるようにも見える。

→タレル氏の代表作「スカイスペース」シリーズの作品「オープン・スカイ」ナイトプログラム。光が無限の色相に変化し、開口部から見える夜空が、さまざまな色彩に変化して見える。

物理的な存在として提示された光を体全体で感じとる

万物を照らす源として、また宗教上の象徴として、親しまれてきた光。しかし人は通常、光を抽象的にしかとらえていない。光は何かを照らし出す媒体として存在しているのであって、それ自体を感知することは困難だ。しかし、ジェームズ・タレルにとって、光は物理的な存在である。タレルは光をものとしてとらえ、対象化した。同じ〝光のアーティスト〟でも、クロード・モネ(→#37)が「ものを照らす自然の光」を描いたのとは対照的に、タレルは人工的な光をつくり、光そのものを作品として提示。人が普段意識していない光の存在を浮き彫りにし、だれもがそのなかで生きていることを示唆する。

初期の作品では、光を視覚的に対象化しているタレルだが、その後、鑑賞者が全身で光をとらえることができる作品を制作するようになった。地中美術館(→#34)で

©Shinkenchiku-sha

Column

タレルと安藤、ふたりのもう一つの直島作品

家プロジェクト 南寺

『オープン・スカイ』ナイトプログラム

© Mitsumasa Fujitsuka

2004年

は、タレルの初期から最近までの代表的なシリーズから選ばれた3つのインスタレーションを展示。年代を追って鑑賞すれば、タレルの光の扱い方の変遷を知ることができる。

プロジェクターで光の立方体を投影する『アフラム、ペール・ブルー』は初期の作品で、量塊をもった光が空間の一部を占有しているかのように見えるのが特徴。家プロジェクト「南寺」の『バックサイド・オブ・ザ・ムーン』（1999年）と同様、『オープン・フィールド』は壁に開口部をもつが、前者が光に満たされた長方形の空洞を見る作品であるのに対し、後者は光を体全体で感じる作品となっている。来訪者は、上下も奥行きも定かでない、光で満たされた空間を歩くという、不思議な体験をすることになる。タレルは、天井に開口部をもつ作品、『オープン・スカイ』で、LEDとキセノン・ランプを使うことで、これまで単色だった光を無限の色彩へと変化させることにも成功。今後の制作活動へとつながる、光の新たな可能性を見出した。

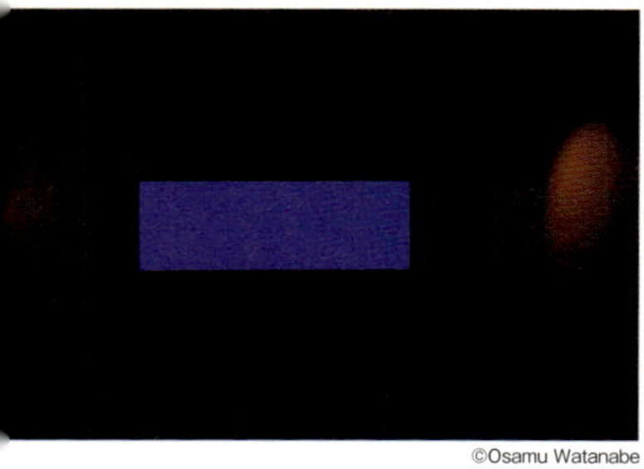

©Osamu Watanabe

ジェームズ・タレルと安藤忠雄のコラボレートは、「家プロジェクト」の一つ「南寺」でも見ることができる。タレルの作品『バックサイド・オブ・ザ・ムーン』（1999年）のサイズに合わせて安藤が建物を設計している。

Walter De Maria

ウォルター・デ・マリア

ランド・アートのパイオニア、
ウォルター・デ・マリアがつくり上げた
直島にしか存在しない作品空間。

1970年代、欧米のアートシーンを席巻したムーブメント、「ランド・アート」。アーティストたちは、美術館やギャラリーといった既存の空間から飛び出し、自然のなかに新たなアートの可能性を見出していった。直島に2点の作品が恒久展示されているウォルター・デ・マリアは、このムーブメントの牽引者であり、アメリカ・ニューメキシコ州の砂漠地帯に制作した『ライトニング・フィールド』(1977年)の作者として知られる。広大な自然、そして雷までをアートの一部にとり込むという斬新な試みは、今なお色褪せることはない。

ランド・アートはその性質上、作品の移動ができない。とくにデ・マリアにとっては、作品とその設置場所は表裏一体であり、納得のいく場所の選定が制作の必要条件となる。地中美術館(→#34)の『タイム／タイムレス／ノー・タイム』の制作においては、デ・マリアは安藤忠雄と綿密なディスカッションを重ね、空間をつくり上げた。部屋のサイズや採光方法を厳密に指示する一方で、デ・マリアは安藤の手法を注意深く観察。コンクリートの面を浮き上がらせるスリットから落ちる光を巧みに利用するなど、この空間ならではの表現を追求している。

奥行き24×幅10メートルの部屋の中央に置かれた花崗岩の球体と、27対の金箔張りの木彫。そして、安藤の手法による、打放しのコンクリートの壁や階段で構成されたこの空間は、アートと建築が同時に制作された希有な例であり、完全主義者のデ・マリアにして「『ライトニング・フィールド』以来の完成度」と自負する作品であることから、世界の注目を集めている。

何を意図して、どのようにつくったか。この作品から何を感じ、何を考えるべきか。デ・マリアが語ることはほとんどない。自由に、今ここにある作品を見てほしい――それがデ・マリアの願いであり、メッセージだ。

©Michael Kellough

©Tomio Ohashi

Column

直島にある
もう一つの
デ・マリア作品

見えて／見えず
知って／知れず
2000年

「ベネッセハウス　ミュージアム」の屋外にあるデ・マリアの作品。作品の前には瀬戸内海が広がり、二つ並んだ球体が海や空、目の前の植栽などを映し出し、時間とともに表情豊かに変化する。

互いを尊重する二つの才能がつくり上げた作品空間

『タイム／タイムレス／ノー・タイム』
2004年

直径2.2mの球体を囲むように27対の金箔張りの木彫を設置。天井から差す自然光の効果で、静謐さを感じる空間となっている。

Profile

ウォルター・デ・マリア

1935年、米・カリフォルニア生まれ。カリフォルニア大学で歴史学と美術を学び、1960年にニューヨークで制作活動を始める。さまざまな芸術活動に参加しながら、ミュージカルの作曲や映画の制作なども手がけ、60年代後半からランド・アートを手がけるようになる。

©Michael Kellough

©Michael Kellough

Claude Monet / 1840~1926

クロード・モネ

光と白の空間で画家が愛した自然と向き合う

自然の光をこよなく愛し、時間や季節の移ろいとともに変わりゆく光と色彩の表現を生涯追求した印象派の巨匠、クロード・モネ。「光の画家」と称されるモネは、一つのテーマをさまざまな季節、天候、光線の下で描いた多くの連作を残している。『積み藁』や『ルーアン大聖堂』な

移りゆく自然の光を追求した、印象派の先駆者

**木々の間に沈む夕日、立ち込める霧、
そよ風が起こす水面のさざ波……。
光の画家、クロード・モネが描いた
絶え間ない自然の営み。**

© Noboru Morikawa

『睡蓮の池』
C.1915-26年

夕暮れどきの情景を描いた大作。白内障を患ったモネが行き着いた、細部を省いた大胆な構図にも注目。

どの連作を描いた後、最晩年には、ジヴェルニーの自宅に自ら造った「水の庭園」をモチーフに描いた『睡蓮』シリーズの制作に没頭。86歳で生涯を閉じるまで、200点以上も制作した。『睡蓮』シリーズのなかでも、パリのオランジュリー美術館や地中美術館(→#34)に恒久設置されている「大装飾画」と呼ばれる作品群は、特別な存在だ。これらは、同シリーズの作品だけで部屋を飾ることを想定して描かれたもので、絵を飾った空間全体が一つのアートとして完成する、今でいうインスタレーションの手

法がとられているからだ。

モネが『睡蓮』シリーズで表現しようとしたのは、1日の始まりと終わり、そして絶え間なく続く自然の営み。地中美術館のクロード・モネ室は、そんなモネ自身が構想した建築プランを下敷きに設計されている。自然光が降り注ぎ、時間の経過とともに表情を変えるこの部屋は、水面に反射する光や、たゆまず揺れ動く水面、成長を続ける植物など、モネの描いた「自然の生命力」を感じるのに、もっともふさわしい場所といえるだろう。

白の背景を好んだモネにならい、設計者の安藤忠雄（→#33）は、この展示室の額縁、壁面、床を白で統一。額縁と床には大理石、壁には目の粗い砂漆喰と、異なる質感の白が用いられており、モネのうねるような筆触や油絵の具の質感とシンクロする。照明は、天窓から採光する自然光のみ。来館者は、モネが見ていたのと同じ自然光のなかで作品を見ることで、その理解を深めてゆく。

角が丸い壁で覆われた展示室は、彼が生涯のテーマとした「自然の営み」と共通する、「永続性」を内包している。地上の現実世界から離れ、自ずとモネの作品世界に入って行ける、唯一無二の場所なのだ。

『睡蓮』
1914-17年

岸の近くに浮かぶ睡蓮を描いた作品。水面に映り込んだ植物だけでなく、岸辺に実際に生えている植物も描かれている。

Profile

クロード・モネ

1840年、仏・パリ生まれ。幼い頃に引っ越したセーヌ河口の町で育つ。早くから絵の才能を見せ始め、風景画家ブーダンとともに風景画を描くようになる。その後、パリに移住し、ルノワールやドガたちと出会い、1874年、後に印象派と呼ばれるきっかけとなる第1回目の展覧会を開く。43歳でノルマンディー地方のジヴェルニー村に移住。庭を題材にした絵を描き続けた。

Column

モネの描いた世界を「地中の庭」で体感する

地中美術館チケットセンターから美術館に行く途中にある「地中の庭」は、モネがジヴェルニーの庭に植えていたとされる植物をベースに、約200種類の草花や樹木で構成される庭園。モネが描いた世界を体感できる。（地図／P253）

スイレン／サンライズ

スイレン／アーカンシエル

スイレン／スノーボール

©SPL/PPS

アガパンサス

©animalsanimals/PPS

アイリス

モネの描こうとした自然を具現化した「地中の庭」は、作品をより立体的にとらえる手がかりとなる。

Keyword
#38

Lee Ufan Museum

李禹煥美術館

最小限にとどめられた
表現のなかで、
建物と作品が呼応し、
無限の世界を
感じさせてくれる空間。

建築と作品が響き合う世界と対話する空間

沈黙の間
「関係項–沈黙」
2010年

アーティスト自ら探し、選定した岡山の自然石と鉄板が置かれた空間。

山の谷あいから海に至るなだらかな斜面の地形を活かしたつくりとなっている。

©Kaori Ichikawa

照応の広場
「関係項−合図」
2010年

エントランスの長いアプローチをぬけると、半屋外の鋭角の庭に石と鉄板が置かれた「照応の広場」が現れる。

Profile

李禹煥

1936年、韓国・慶尚南道生まれ。1961年、日本大学文学部哲学科を卒業後、制作活動を開始。1960年代末にあらわれた「もの派」の柱的存在。つくることを抑え、ものや空間の有り様に注目して、新しい表現の世界を切り開いた。

李禹煥と安藤忠雄、ふたりの感性がつくり出す世界

李《リ》禹《ウ》煥《ファン》美術館は韓国出身のアーティスト、李禹煥の個人美術館で、2010年（平成22）6月、「ベネッセハウス」（→#29）と「地中美術館」（→#34）のなかほど、瀬戸内海を望む場所にオープンした。李禹煥は1956年（昭和31）に来日し、日本大学哲学科を卒業後、日本を拠点に創作活動を展開。1968年（昭和43）から70年代前半にかけて起こった日本の20世紀美術の重要な運動の一つ、「もの派」の理論化に貢献し、近年ではフランスを中心としたヨーロッパで活動しており、国際的にその名を知られている。「もの派」は石、木、鉄などの素材をほとんど手を加えずにそのまま提示し、それらと人、空間の〝出会いの場〟を作品としてきており、李も一貫して〝作らない要素〟を作品にとり入れることを重視してきた。

©Shigeo Ogawa

柱の広場「関係項−点線面」

長い壁が生み出す横の線に対し、六角形のコンクリート柱の縦軸が立てられ、張りつめた空間をつくり出す。

そんな李が世界初となる個人美術館を直島にオープンするきっかけとなったのは、2007年（平成19）のヴェネチア・ビエンナーレでの展覧会。福武總一郎（→#28）に出会い、設計に安藤忠雄（→#33）を迎え、安藤とのコラボレーションによる美術館の設立が決まった。建物は、三方を山に囲まれ、瀬戸内海に向かって広がるなだらかな谷あいの地形を活かした、半地下構造。正面に18.5メートル長のコンクリート柱がそびえる広場（柱の広場）があり、その奥に高さ6メートル、長さ50メートルの3つのコンクリート壁で構成された回廊のエントランスが現れる。これは李がイメージする洞窟のような空間を安藤が建築で表現したもの。

館内には李の1970年代から現在までの絵画、彫刻が展示されているが、空間もまた作品の一部と感じさせるような一体化したつくりとなっており、まさに李と安藤、ふたりの感性が出会い、生み出した世界を体感できる美術館となっている。

李禹煥美術館 フロアプラン

（2013年2月現在）

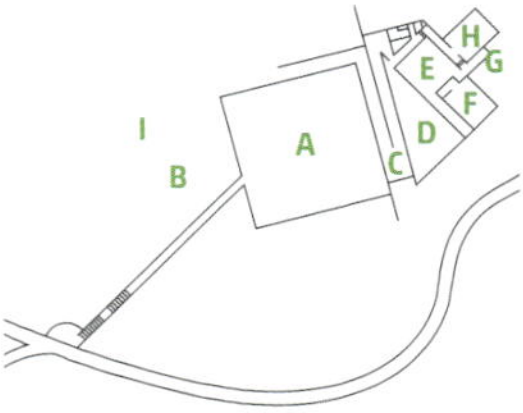

A	柱の広場	「関係項-点線面」2010
B		「関係項-対話」2010
C		「関係項-しるし」2008
D	照応の広場	「関係項-合図」2010
E	出会いの間	「関係項」1968/2010
		「点より」1980
		「点より」1976
		「線より」1974
		「風と共に」1983
		「照応」1992
		「対話」2009
F	沈黙の間	「関係項-沈黙」2010
G	影の間	「関係項-石の影」2010
H	瞑想の間	「対話」2010
I		「関係項-休息または巨人の杖」2013

- 香川郡直島町3449-1
- 087-892-3754
- 開館時間／10:00〜18:00（3〜9月）10:00〜17:00（10〜2月）
- 休館日／月曜（祝日の場合翌日）
- 鑑賞料／1,000円（15歳以下無料）
- http://www.benesse-artsite.jp/lee-ufan/index.html
- 地図／P253

出会いの間

1970年代から今日までの絵画と彫刻が展示されている「出会いの間」。

Keyword #39

自然のなかの空間とは一線を画し、
古き伝統のなかに命を注ぐ
新たな手法によって
生み出された建築物は
〝直島と安藤忠雄〞という歴史を語る。

Ando Museum

ANDO MUSEUM

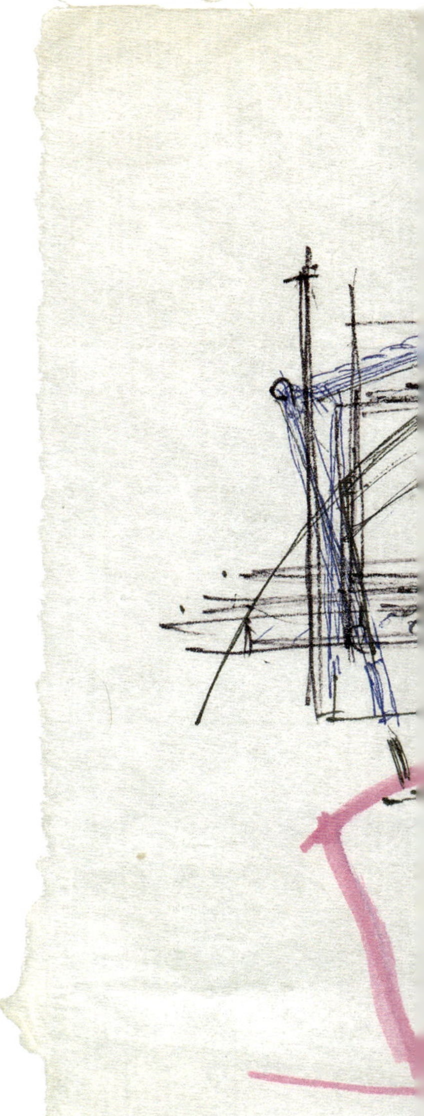

「ベネッセハウス」（→#29）や「地中美術館」（→#34）、「李禹煥美術館」（→#38）、家プロジェクト「南寺」など、「ベネッセアートサイト直島」（→#27）のプロジェクトに関わる安藤忠雄（→#33）の、最新の直島作品となるのが「ANDO MUSEUM」である。この存在、そして目的は氏の直島における一連のプロジェクトを中心にした仕事を紹介することであり、また明治・大正・昭和にかけて大きな変革を遂げた直島の近代史にも着目、写真やスケッチ、模型などで往時の姿を展示、紹介することにある。

　ミュージアムが建築されるのは古民家が数多く残る本村《ほんむら》エリア。家プロジェクト（→#40）が展開される町の一角、八幡山極楽寺（→#12）の真向かいに古くから残る「いちんどん」という屋号をもつ民家（→#5）。前の住民が残した塀の絵や、古くからある門も活かし、町並に溶け込むようなミュージアムとなる。安藤曰く「コンクリートの建物を木造の民家が覆っているイメージ。古民家の外観を残しながら、なかに入るとコンクリートの新たな空間が展開する二重構造」という建物は、それ自体も新たな作品となっている。その背景には、「瀬戸内の風景を守りながら、在るものを活かして、世界中どこにも無いものを創りたい」と語るベネッセアートサイト直島代表の福武總一郎（→#28）の思いが大きく感じとれる。

　安藤の持論である「時の経過によって意味をもたせる」という環境づくり。その一つのモデルである直島でしっかりとした手応えを感じている氏にとって、地域の歴史が刻まれた民家の再生と創造というプロジェクトもまた、未来に向けた環境づくりなのである。

ANDO MUSEUM

- 087-892-3754（福武財団）
- 開館時間／10:00〜16:30
- 休館日／月曜（祝日の場合翌日）
- 鑑賞料／500円
- 運営／公益財団法人 福武財団
- 地図／P252

直島の歴史と
直島における
安藤建築の歴史が
集約される空間

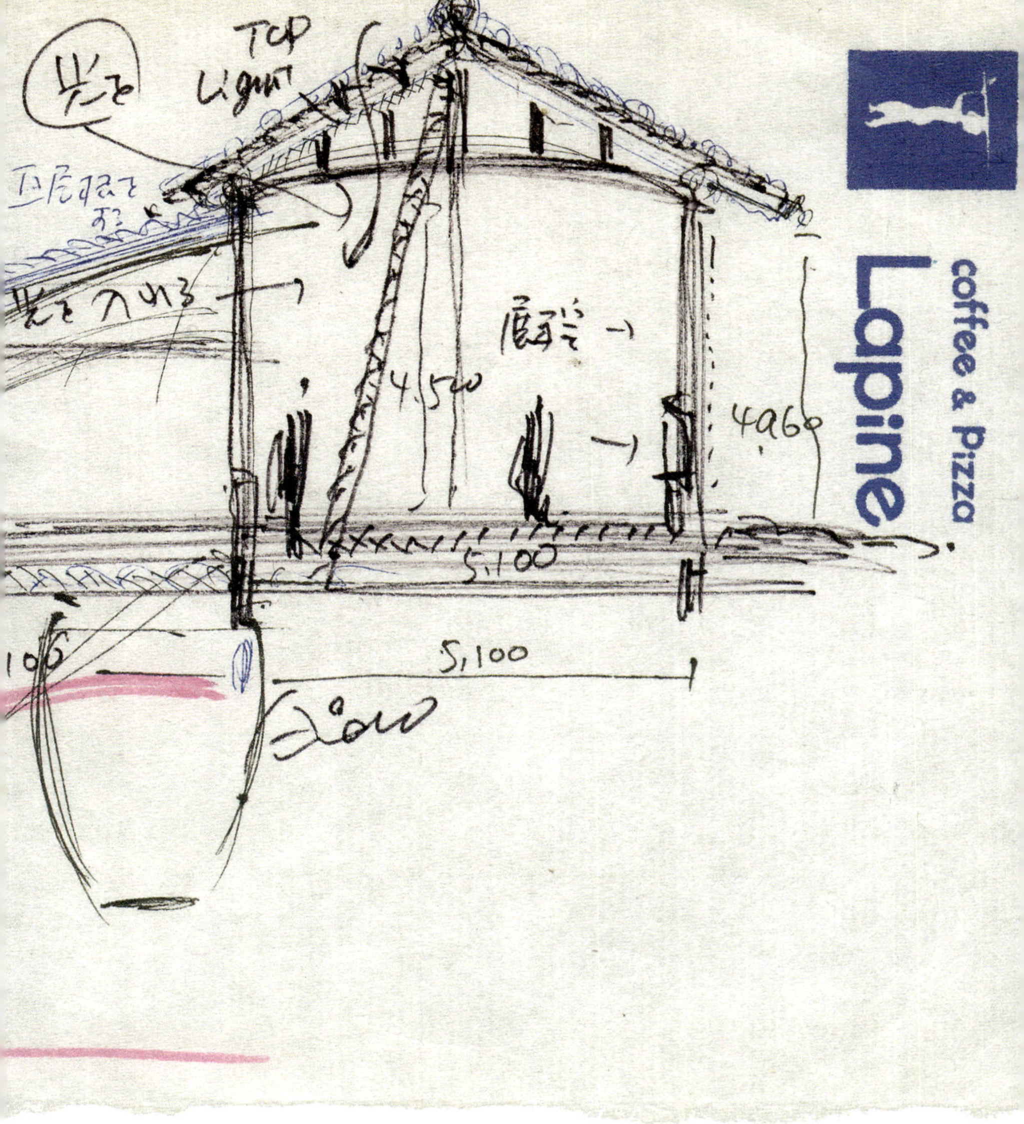

もとの民家は丁寧に解体され、コンクリートによる空間が造られた上に、民家を復元するという建造物になる。

Keyword
#40

Art House Project

家プロジェクト

1998年に本村地区で始まった
家プロジェクトは、直島を〝アートの島〟と知らしめる
きっかけとなった。

最初の作品「角屋」の入り口。築200年以上の古い家屋に存在意義を見出すことからプロジェクトが始まった。

住民と来島者をつなぐ、生活空間に点在するアートプロジェクト

「はいしゃ」は、かつて歯科医院兼住居だった建物を、大竹伸朗がまるごと作品化したもの。

島民たちの日常の場を舞台にした、現代アート

家プロジェクトは、島の東側、役場や郵便局、銀行など島の行政や生活の中心的な地区である本村《ほんむら》で展開されているアートプロジェクト。古い家屋や神社、寺の跡地など、それまで営まれてきた生活や伝統に根付いていた空間をアート作品として再生し、現在、「角屋」「南寺」「きんざ」「護王神社」「石橋」「碁会所」「はいしゃ」の7軒が常設で公開されている。

このプロジェクトが始まったきっかけは1997年（平成9）にベネッセホールディングスが本村地区にある古い家屋の購入依頼を受けたことから。家屋そのものを作品として再生することにし、アーティスト、宮島達男による「角屋」が1998年（平成10）に誕生した。その翌年には、かつて同名の寺があった場所に建築家、安藤忠雄（→#33）が新たに設計し、ジェームズ・タレル（→#35）の作品をおさめた「南寺」が完成。その後「きんざ」（2001年、内藤礼）、「護王神社」（2002年、杉本博司）と続き、2006年（平成18）から翌年にわたって開催された企画展「直島スタンダード2」に合わせて3軒が加わった。

また、作品の保持に住民たちが携わっているのも家プロジェクトならではで、鑑賞者と住民との交流の場としても機能している。家プロジェクトはアートと建築、そして地域とのコラボレーションによって、美術作品としてだけではなく、その土地の歴史や文化、また日常の営みを体感できるアートプロジェクトなのである。

Column

アート巡りはレンタサイクルで

宮浦港から本村地区への移動や、島内でのアートを巡ろうという人に便利なのがレンタサイクル。宮ノ浦地区、本村地区のカフェなどのほか、民宿でもレンタサイクルを貸し出している。

「カフェおうぎや」（海の駅なおしま内）
- 営業時間／9:00～19:00（12-2月～18:00）
- 休業日／正月
- 地図／P251

「Little Plum」
- 香川郡直島町2252-1
- 087-892-3751
- 営業時間／9:00～22:00
- 休業日／月曜、不定休
- 地図／P251

「みやげ屋」
- 香川郡直島町2291-5
- 080-3902-6694
- 営業時間／8:00～15:00
- 休業日／月曜、不定休
- 地図／P251

「Cafe Restaurantガーデン」
- 香川郡直島町843
- 087-892-3301
- 営業時間／11:30～夕方
- 休業日／月曜、不定休
- 地図／P252

家プロジェクト

- 香川郡直島町本村地区
- 087-892-3223（ベネッセハウス）
- 開館時間／10:00～16:30
- 休館日／月曜（祝日の場合翌日）
- 地図／P252

共通チケット1,000円（「きんざ」をのぞく6軒の鑑賞可能）、ワンサイトチケット400円。ベネッセハウス、本村ラウンジ&アーカイブ、直島町観光案内所などで購入可能。

©Norihiro Ueno

Kadoya

角屋

宮島達男

みやじま・たつお／1957年、東京都生まれ。東京藝術大学大学院美術研究科絵画専攻修了。1980年代半ばからLEDを用いたデジタル・カウンターの作品を国内外で発表している。

『Sea of Time '98』1998年　『Naoshima's Counter Window』1998年　『Changing Landscape』1999年

©Norihiro Ueno

築200年ほどの家屋を、漆喰仕上げ、焼板、本瓦によってもとの姿に修復。部屋に造られたプールに1～9までの数字を刻む125個のデジタルカウンターを設置した作品『Sea of Time '98』では、島の人たちに参加してもらい、各カウンターのスピードを決めてもらった。また、『Naoshima's Counter Window』では外から差し込む光が土間に数字を映し、その数字越しに通りすがりの人など外の景色を眺めることができ、空間の厚みを感じさせる。

● 地図／P252

©Kaori Ichikawa

Kinza

きんざ

内藤 礼

ないとう・れい／1961年、広島県生まれ。武蔵野美術大学造形学部卒業。1991年の個展「地上にひとつの場所を」で注目を集め、1997年のヴェネチア・ビエンナーレ日本館で同作品を発表。

『このことを』2001年

©Noboru Morikawa

築約200年の小さな家屋の屋根や柱などの構造はそのままに、伝統的な技術を用いて外壁も含めた家屋そのものを作品化。アーティストの内藤礼は、家屋を一つの作品空間として成立させるため、自身のイメージする空間を図面にし、建築家に伝えて完成させた。作品は完全予約制で、ひとりずつ鑑賞する。

- ● 鑑賞料／500円（家プロジェクトチケットとは別途）。要予約。
- 木・金・土・日曜・祝日11:00〜13:00、14:00〜16:30のみ開館。
- ● 地図／P252

Minamidera

南寺

安藤忠雄（設計）
ジェームズ・タレル

『バックサイド・オブ・
ザ・ムーン』
1999年

かつて実在した寺の跡地に造られた、安藤忠雄が設計した木造建築の内部に、ジェームズ・タレルの作品がおさめられている。『バックサイド・オブ・ザ・ムーン』は暗闇のなかに身を置きながら、やがて光をとらえ、発見していくプロセスを体験できるもの。安藤とタレル、ふたりのコラボレーションで造られたこの作品は荘厳な雰囲気をたたえており、かつてその場が島民にとって精神的なよりどころであったという記憶を思い起こさせる。

● 地図／P252

©Tadasu Yamamoto

Go'o Shrine

護王神社

杉本博司

すぎもと・ひろし／1948年、東京都生まれ。世界各地を旅行後、米カリフォルニアにて写真を学び、1974年、ニューヨークに移り、写真を使用した現代美術の活動を開始。

『Appropriate Proportion』2002年

江戸時代から祀られている護王神社の改築に合わせ、建築に造詣の深いアーティストの杉本博司が社殿の再建を手がけた。改修された本殿と新築された拝殿は伊勢神宮などでみられる初期の神社建築の様式をふまえて杉本が設計したもの。また地下の石室と本殿はガラスの階段で結ばれており、地下と地上とが一つの世界を形成している。

● 本殿と拝殿はいつでも見学、参拝可能。

● 地図／P252

©Hiroshi Sugimoto

©Hiroshi Sugimoto

Gokaisho

碁会所

須田悦弘

すだ・よしひろ／1969年、山梨県生まれ。多摩美術大学を卒業後、1999年まで「スタジオ食堂」で活動。当初から、作品と作品が置かれる場所が密接な関係をもつ展示を行っている。

『碁会所』2006年

©Osamu Watanabe

©Osamu Watanabe

その昔、碁を打つ場所として近所の人々が集まっていたことに由来して名付けられた家で、全壊していたものを、須田悦弘が更地状態から庭も含めた建物全体の空間を造っていった。焼板杉を用いた外観は、周囲の家並みと馴染んでいる。作品のキーワードは〝対比〟。速水御舟の『名樹散椿』に着想を得た木彫の椿と庭に植えられた本物の五色椿が対比的な効果をつくり出している。

● 地図／P252

Ishibashi

石橋

千住 博

せんじゅ・ひろし／1958年、東京都生まれ。東京藝術大学大学院博士課程を修了後、ニューヨークを拠点に活動を開始。1995年、ヴェネチア・ビエンナーレで東洋人初の優秀賞受賞。

『ザ・フォールズ』2006年／『空（くう）の庭』2009年

©Osamu Watanabe

明治時代に製塩業で栄えた石橋家。古くから製塩業が人々の生活を支えていた直島の歴史、文化をとらえるという観点から、その面影をとどめる家そのものの再建に重点が置かれた。蔵では〝滝〟を題材とした幅15mの大作『ザ・フォールズ』、母屋では襖絵、掛軸、天袋、庭を一連の作品とした『空の庭』を公開。

©Osamu Watanabe

『空の庭』は千住博が何十回と直島に通うなか、瀬戸内海に面した岩肌から着想を得て制作した。

● 地図／P252

Haisha
はいしゃ

大竹伸朗

『舌上夢／ボッコン覗』
2006年

おおたけ・しんろう／1955年、東京都生まれ。1980年代初頭より作家活動を開始。2006年には東京都現代美術館で回顧展を開催。近年では「ドクメンタ(13)」をはじめ、数多くの国際展に参加。

かつて歯科医院兼住居だった建物をまるごと作品化。大竹伸朗は初めてこの建物を見たその日のうちに片方の壁に潜望鏡、もう片方の壁に船を埋め込むという基本構造が浮かんできたという。大竹自らが触発されたモノやコトが素材となってスクラップされた多様なスタイルが特徴である。

● 地図／P252

Column
直島銭湯『I♥湯』(アイラヴユ)

● 香川郡直島町2252-2
● 087-892-2626
(直島町観光協会内／受付8:30〜18:00)
● 営業時間／14:00〜21:00(土・日曜・祝日10:00〜)
● 休業日／月曜(祝日の場合翌日)、臨時休業あり。
● 入浴料／500円(直島島民300円)、15歳以下200円
● 地図／P251

大竹伸朗が手がけた、実際に入浴できるアート施設。大竹が得意とするコラージュの手法を用いながら、外観、内装をはじめ、番台や洗い場、浴槽、トイレの陶器に至るまで、大竹の世界が展開されている。施設の運営はNPO法人の直島町観光協会、宮ノ浦自治会が行い、国内外から訪れる来島者と島民との交流の場となっている。

島との
つながりを生んだ
家プロジェクト

直島町観光協会発表の資料によると、ここ数年の直島の観光入込者数は年間約40万人（瀬戸内国際芸術祭が開催された2010年は60万人を超えている）。現在、直島は年間を通じて国内外から多くの人々が訪れる場所となっている。観光入込者数だけですべてが語れるわけではないことは十分承知しているが、現代アート活動がこういう状況を生んだという事実は評価に値すると思う。1989年の直島国際キャンプ場の開設以降、どんなに頑張っても年間来島者4〜5万人という時代が長く続いただけに感慨深い。

推移を概観すると、2004年の地中美術館の開館から大きな右肩上がりが始まっている。直島にとって地中美術館の存在はあらゆる意味で圧倒的であり、プレステージを数段高いところに押し上げてくれたことは間違いない。一方で、その土台のような存在として家プロジェクトがあったということを忘れてはならない。1998年「角屋」、1999年「南寺」、2001年「きんざ」、2002年「護王神社」、家プロジェクト第1期の4軒を創り出したプロセスや成果が、地中美術館の創造そのものに直接的につながったというだけでなく、家プロジェクトを通じて積み重ねられたさまざまな要素が、地面の下に溜まったマグマの如く蓄えられていたからこそ、地中美術館をきっかけに、地表に一気に噴き出すかのように、多くの人を直島に呼び込むことになった。

家プロジェクトに着手する以前、我々は直島の南部、瀬戸内海国立公園エリアの広い自己所有地内を活動拠点としてきた。人々が「Benesse（=よく生きる）」について考え体感する「場」を直島の地に創出するべく、瀬戸内海の「自然」と現代アートを組み合わせることで、自然の美しさを再認識するとともに作品のもつメッセージのさまざまな増幅を試みてきた。現在でも瀬戸内海の「自然」と向き合うことは我々の活動の重要な要素であることに変わりはない。ただ、多くの先人たちが歴史を刻み現在も人々が生活を営んでいる直島そのものを全体的に捉えるという意味からは、「自然」はその要素の一つでしかなく、我々が多様な視点で直島を捉えられるようになったのは、家プロ

Column / Honmura Lounge & Archive

本村ラウンジ&アーカイブ

©Tadasu Yamamoto

文／笠原良二
ベネッセホールディングス直島事業室

ジェクトに取り組んだからだといえる。それはあたかも直島という土地にレンズを埋め込むような行為であった。レンズである家プロジェクト越しに、それまでもそこに存在はしていたけれども、我々には見えていなかった島の「歴史」や、そこに住む人々の直島に対する「思い」が見えてきた。更に、レンズである家プロジェクトが焦点となり、島の人々とアート作品をつなげていったのである。家プロジェクトがそれらの要素を包含しながら展開されることで、直島は真の意味でのアートの島に近づいたといえるかもしれない。

家プロジェクトが
展開されている
本村地区の町並み。

　現在の家プロジェクトは我々が思っている以上に、島の人々の生活に溶け込むとともに、関わった人々の心の深い部分にまで通じているような気がする。2008年、「角屋」の満10周年を記念し、タイムセットをしてくれた島の方々に「角屋」に対する思いをビデオカメラに向かって語ってもらった。そのときの高橋昭典さんの言葉を紹介したい（高橋昭典さんは2011年83歳で他界されました。謹んでご冥福をお祈りします）。「1番、高橋昭典です。80歳になりました。ぼくは、たまたま1番になっとんですよ、素敵でしょう。この1番、ぼくがガイドしてね、いつでもここに来たら、もう、『おれが1番や』言いよんや、自慢しよんや。これが僕の生きがいやな。それで、80にもなるとね、もう先もちょっと短こうなるからな、おれが死んだら、墓に行くより、ここに会いに来たほうがピンピン生きとるで！　そやから、僕がいつでも輝いているのはこのおかげや。はーい」

　ぜひ一軒一軒の家プロジェクトを訪問し作品と対峙しながら、その向こうに見える直島の魅力を感じとってほしい。

農協のスーパーマーケットとして使用されていた建物を、建築家、西沢立衛が基本的な構造をほぼ残し、空間をデザインした。家プロジェクトをはじめ、ベネッセアートサイト直島に関わるアーティストや建築家の資料を見ることができるほか、関連グッズや書籍なども販売している。

- 香川郡直島町850-2
- 087-840-8273
- 営業時間／10:00～16:30
- 休業日／月曜
（祝日の場合翌日）
- 地図／P252

Keyword #41

Marine Station Naoshima

海の駅なおしま

海の駅なおしま内にある「カフェおうぎや」では、行き交う船を眺めながら、うどんやカレーライスがいただける。

「海の駅なおしま」は、直島町の玄関口となる宮浦港に2006年（平成18）に完成したフェリーターミナル。アートの島の玄関口にふさわしいデザインは、建築家、妹島和世と西沢立衛《りゅうえ》による建築ユニット「SANAA」（→#42）が手がけた。長方形に伸びる厚さわずか15センチの軽やかな大屋根が敷地全体を覆い、グリッド状に並んだ直径8.5センチの細い鉄骨の柱とガラススクリーンが仕切る空間は、視界を遮るものがなく、透明感溢れるつくりとなっている。

屋根の下には、カフェや観光案内所、待合スペース、イベントホールがあり、また半屋外の空間には駐車場、バス降り場、

海の駅なおしまを日々利用する島民たちも多く、島の日常生活が垣間見れる。

Column

島のもう一つの玄関口、本村港

宮浦港とは反対側の島の東に位置する本村港は、直島のもう一つの玄関口。ターミナルのような施設はないが、宇野・高松と直島間、豊島と直島間を結ぶ小型船や海上タクシーが入出港する。小型船は高速旅客船で、車両、二輪車、自転車の乗り入れはできないが、徒歩で移動する人には便利。

島民と来島者が交差する、島のエントランスホール

アートの島、直島で最初に迎えてくれる
「海の駅なおしま」は、
建築作品としても優れたフェリーターミナル。

見通しのよいターミナル内からは宮浦港の景色も眺められる。奥に見えるのが草間彌生の『赤かぼちゃ』。

Information

カフェおうぎや

- 営業時間／10:00〜19:00（12-2月〜18:00）
- 休業日／正月
- 肉うどん500円、カレーライス500円ほか
- レンタサイクルもあり（9:00〜19:00、12-2月〜18:00）

直島町観光協会

- 087-892-2299
- 受付時間／8:30〜18:00

フェリー（→#49）を待つクルマの待機場などがあるため、いつもさまざまな人たちが行き交い、にぎわっている。大屋根の下、フェリーの乗務員やフェリーを使う島民、観光客、クルマに乗った人など、港を利用する人たちがより一体的で密接な関係になるようにとの思いでつくられた施設のねらい通り、フェリーターミナルとしてだけでなく、交流の場としての機能も果たしている。

直島に向かうフェリーが宮浦港に近づくと、直島の風景を映し出す大屋根と、その横に見えてくる草間彌生の『赤かぼちゃ』に出迎えられる。アートの島への期待に胸がふくらむ瞬間でもある。

海の駅なおしま

- 香川郡直島町2249-40
- 087-892-2299
- 地図／P251

SANAA

**世界的に活躍する建築ユニット、
SANAAが手がけた
「海の駅なおしま」もまた、
直島が誇るアート作品の一つともいえる**

SANAA（Sejima and Nishizawa and Associates）は、建築家、妹島和世と西沢立《りゅう》衛《え》による建築ユニットで、2006年（平成18）に完成した「海の駅なおしま」（→#41）の設計を手がけた。直島を訪れた人が最初に目にする玄関口は、宮ノ浦の風景にとけ込むようなシンプルで抑制されたデザインと、どこからともなく光が差し込み、風を感じる開かれた空間は、まさに彼らの真骨頂が発揮された作品といえる。

1995年（平成7）設立のSANAAを一躍有名にした代表作の一つ、「金沢21世紀美術館」は、すべての人に開かれた円形デザインで、光に包まれ開放感に溢れた空間は、これまでの美術館建

待ち合いスペースは町のイベントスペースとしても活用されている。置かれたイスもSANAAデザインのもの。

©Shinkenchiku-sha

風景にとけ込む、美しいフォルムを実現した、SANAA流島の玄関口

「海の駅なおしま」の車両スペース。細い柱がグリッド状に並び、オープンな空間を実現している。

Profile

SANAA

1995年、妹島和世と西沢立衛の共同事務所として設立。おもな作品に「熊野古道なかへち美術館」「金沢21世紀美術館」「トレド美術館ガラスパビリオン」など。日本建築学会賞、ヴェネチア・ビエンナーレ国際建築展金獅子賞、プリツカー賞など受賞多数。2012年12月に完成した、仏・ランスのルーヴル美術館別館も手がけている。

築の常識を覆す斬新な設計で、2004年（平成16）のヴェネチア・ビエンナーレ国際建築展金獅子賞を受賞した。「建築物は町の一部をつくるようなもの。環境や町との関係性を考えながら、周囲の環境にとけ込むような空間を設計する」。それは常にSANAAが建築物を手がける際に考えていることだという。海の駅なおしまの佇まいは、まさにそれを現しているといえるだろう。

ふたりはこれ以外にも、それぞれ単独で、「ベネッセアートサイト直島」（→#27）のプロジェクトに参加している。妹島は犬島（→#32）で展開されている犬島「家プロジェクト」、西沢は直島・本村地区の「本村ラウンジ&アーカイブ」、豊島（→#31）の「豊島美術館」を手がけており、そこでもまた、人々を引きつける魅力的な空間をつくり上げている。海の駅なおしまを入り口にして、ふたりの作品に出合うことができるのは、この地ならではの贅沢な体験である。

第7章 直島ナレッジ

Naoshima Knowledge

島巡り、宝探し。

人が集い、何かを生み出す。
その芽は次へと波及する。
島だからこその
ユニークな発展。
昔も今も発見が
あるからおもしろい。

直島土産

もなか

左／直島女文楽（1個135円）
右／恋わすれ貝（1個105円）

メイド・イン ナオシマの 手づくり 和洋菓子

イワタコンフェクト

50年の歴史をもつ島内唯一の菓子店。もなかやまんじゅうなどの和菓子から、ロールケーキ、マドレーヌなどの洋菓子まで、店主の岩田正義さん（右）夫婦がすべて店内で手づくりしている。島の歴史や文化に触れたネーミングもまた秀逸。

- 香川郡直島町2310-1
- 087-892-3179
- 営業時間／8:00〜20:00
- 休業日／不定休
- 地図／P251

伝統を受け継ぐ名物を島オリジナルの土産に

50年の歴史をもつ銘菓や
島の新しい名産・天日塩を使ったものまで
直島ならではの名物をもち帰りたい。

SOLASHIO

完全天日産 直島太陽塩
SOLASHIO
500円（ビン入り、65g）
SOLASHIOストラップ
400円

江戸時代の製法を活かした島の特産品

ソラシオ 直島 太陽塩製造所

ミネラル豊富でカルシウムが多く含まれる海水を循環させ、天日で水を蒸発させ塩分濃度を上げるという、江戸時代から伝わる製法をアレンジ。製塩所は直島つり公園内にある。

直島ホワイト塩チョコレート

「SOLASHIO」入りで
甘さ控えめ。
「スウィート塩チョコレート」もあり。
15個入り・380円

和三盆ほろほろクッキー

香川の和三盆糖と
「SOLASHIO」、
米粉を使用した
新食感のクッキー。
525円

思い出とともにもち帰りたい、直島ならではの味

瀬戸内海の恵まれた海域に位置する直島は、海産物はもちろん豊富だが、なかでも海苔の養殖は盛んで、香川県最大の生産量を誇るほど。焼き海苔や味付け海苔、佃煮など、島で生産加工された潮の香り豊かな海苔は、直島土産にぴったりの逸品だ。また、かつての製塩技術を現代風によみがえらせ、2009年に生産を開始した天日塩「SOLASHIO」も今や直島土産の定番。瀬戸内海の海水と降り注ぐ太陽の熱だけで造られる。「SOLASHIO」は普通の塩に比べミネラル分が豊富で、カルシウムも多く含まれており、この塩を使ったさまざまな商品も人気となっている。ほかにもラベルに直島の風景が描かれた日本酒や、西讃岐地方の婚儀に欠かせない菓子「おいり」など、中身も外見も魅力的なものがたくさんある。旅の記念にもち帰り、じっくり味わいたい。

直島塩キャラメル

「SOLASHIO」を
ふんだんに使用、
クリーミーな甘さのアクセントに。
6粒・210円

金陵 純米酒　直島

金刀比羅宮の
御神酒として知られる「金陵」。
直島限定ラベルは数種類あり。
純米酒、本醸造酒各300mℓ2本セット・950円

直島塩アイス

「SOLASHIO」入り、
まろやかな甘塩っぱさが魅力の
ジェラートタイプ。
300円

直島塩サイダー

暑いときの
塩分補給にぴったり。
「SOLASHIO」入り。
245mℓ・200円

直島　おいり

嫁入りの際、近所へのおすそわけや
引き出物にも用いられる。
米粉でできた柔らかい食感の菓子。
450円

海苔

「おやじの海が産んだ味付のり」
8切40枚・420円
「しおのり」
半切10枚・525円

海の駅
なおしま内
「直島楽市」

- 香川郡直島町2249-40
- 087-892-2299
- 9:00～18:00
- 地図／P251

Cafe culture

カフェカルチャー

直島バーガー

直島特産のハマチを
ぜいたくにフライにしたフィリングは、
特製のタルタルソースと
相性抜群。640円。

島外からもたらされた、今どきのもてなし処

直島好きが集まって、
島の情報を交換し、発信する。
島のカフェはそんな役割も
担っている。

maimai

店主の木下幸三さんは直島に〝衝撃的な一目惚れ〟をしてしばらく通った末に移住。2009年に店をオープンした。直島産のハマチと下味に「SOLASHIO」を使用した直島バーガーはまさに〝ご当地の味〟。

- 香川郡直島町本村750
- 090-8286-7039
- 営業時間／10:00〜17:00
- 休業日／不定休
- 地図／P252

Kinoshita Kozo

直島を愛する人たちが
つくった
直島のカフェ文化

直島を初めて訪れた人は、そのカフェの多さに驚くだろう。宮浦港周辺、本村《ほんむら》地区ともに小さいエリアながら何軒ものカフェがある。本村に最初のカフェがオープンしたのが2004年（平成16。その店は2012年夏に閉店）。直島がアートの島として広く認知され始めた頃のことだった。本村地区では1998年（平成10）から家プロジェクト（→#40）が始まっており、それを見に来る来島者も多かったため、合間に一服できる休憩所の存在は必要だった。「直島出身の友人を訪ねて初めて直島に来たときに、居心地のよい島の雰囲気が気に入って、ここでカフェをやりたいと思ったんです」というのは、2005年（平成17）に「玄米心食 あいすなお」をオープンした遠藤佑造さん。「だれも住んでいなかった古い民家を借り受けて、廃材を再利用しながら自分たちで改装しました」。店先には「直島のれんプロジェクト」（→#6）ののれんを手がける染色作家、加納容子が手がける、ごはん茶碗が染め抜かれたのれんがかかり、本村の穏やかな景観に馴染んでいる。

アート巡りの途中でカフェに立ち寄るのもいい。「シナモン」の店先にて。

一方、「海の駅なおしま」（→#41）から数分、宮ノ浦地区にある「シナモン」は、アートの島のカフェらしく、ギャラリーとしての顔ももつ店。店内には、絵画などの作品が壁を覆うように展示されている。店主の小野哲人さんは岡山出身。来た当初は島の人たちにいろいろと助けられ、彼らの温かさに救われたという。「ツーリストと島民たちが交流できる場でありたいと思っています」と小野さん。

アートとともに島にもたらされたカフェ文化は、何よりも直島を愛している店主たちのもとで、直島カルチャーとして育まれているのである。

シナモン

海の駅なおしまから徒歩3分。岡山出身の小野哲人さんが、弟の勇希さんと2009年にオープン。店内にアーティスト3名の作品を展示。カフェの2階は民宿。

- 香川郡直島町宮浦2310-31
- 087-840-8133
- 営業時間／11:00〜15:00、17:00〜22:00
- 休業日／月曜、不定休
- www.cin-na-mon.jp
- 地図／P251

Ono Akihito

カフェサロン中奥

直島出身の小林貴洋さんが、家プロジェクト「南寺」近くの古民家を改装しオープン。隠れ家のように佇む立地と居心地のよさは観光客からも地元客からも好評。

- 香川郡直島町本村字中奥1167
- 087-892-3887
- 営業時間／11:30〜21:00（20:40L.O.）
- 休業日／火曜、不定休
- www.naka-oku.com
- 地図／P252

Kobayashi Takahiro

直島カレー

新鮮な魚介類がたっぷり入った
シーフードカレー900円。
カレーは600円からある。

玄米心食あいすなお

2005年にオープンした直島で2番目にできたカフェ。横浜出身の店主・遠藤佑造さんは『直島町史』で直島に伝わる伝統料理を研究し、「人と自然にやさしい」料理を提供している。

- 香川郡直島町本村761-1
- 087-892-3830
- 営業時間／11:00〜17:30（冬季〜17:00）
- 休業日／月曜
- aisunao.jp
- 地図／P252

Endo Yuzo

あいすなおセット（下）。呉汁、岡山県産無農薬玄米、豆腐料理、旬の野菜おかずの定番ランチセット。800円。

すすりこ

かつて直島で食されていた
そうめん料理「すすりこ」を
モダンにアレンジ。
900円（小鉢付き）。

ふわとろオムライスの自家製トマトソース

酸味と甘みが特徴の
ソースがぴったり。
680円。

呉汁

貴重なタンパク源であった
大豆をすりつぶしてミソと合わせ、
あおさと野菜を具に。

Chapter 7 Naoshima knowledge

Keyword #45

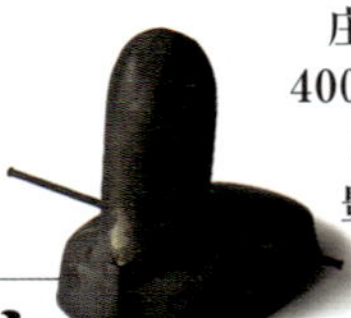

↑仁孝天皇由来の御冠

幕府領の時代から続く
庄屋の家、おおみやけ。
400年以上前の建物と蔵に
残されていた資料が
豊かな文化を明かす。

Tea Room Omiyake

茶寮おおみやけ

庄屋時代の面影を残す国の登録有形文化財

本村《ほんむら》の集落でだれもが目を留める立派な建物がある。「茶寮おおみやけ」だ。長屋門の一部には、文化庁登録有形文化財であることを示すプレートが貼られている。文化財の対象となっているのは、この長屋門と敷地内にある母屋だ。築年数は400年以上。もともと、直島の庄屋だった家である。

“おおみやけ”の屋号は、「三宅」の姓に由来している。直島には三宅の姓をもつ家が多いが、そのなかでも歴史が古く最高位に位置づけられる家系として、いつしかおおみやけと呼ばれるようになったとされる。家系図や古文書、島民の口伝からも明らかになっているのは、1693年（元禄6）に21代の三宅兵右衛門が直島の庄屋に任命されてから、制度が変わる1868年（明治元）まで倉敷代官に仕えた史実だ。つまり、当時の庄屋の生活様式を伝える建築なのである。

母屋には、表玄関、次の間、座敷、勘定場といった庄屋ならではの部屋が設けられ、書院、透かし彫りの欄間、違い棚など、日本の伝統的な建築様式を見ることができる。裏手には、かつて庄屋のみに認められた醸造業の名残として、運搬用の船が母屋の近くまで入ってこられる水路跡がある。また、蔵には掛け軸や絵画、民具が数多く残されている。そのなかでも歴史的価値の高いも

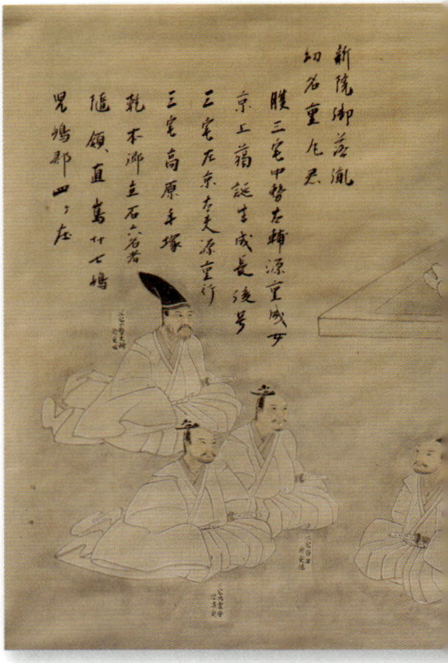

三宅家初代が、源重之に会ったときの様子を描いたとされる絵が残されている。直島の歴史を知る上でも貴重な資料だ。作者不明。

Column

紙芝居の元祖と呼ばれる江戸時代の画家

佐藤正持

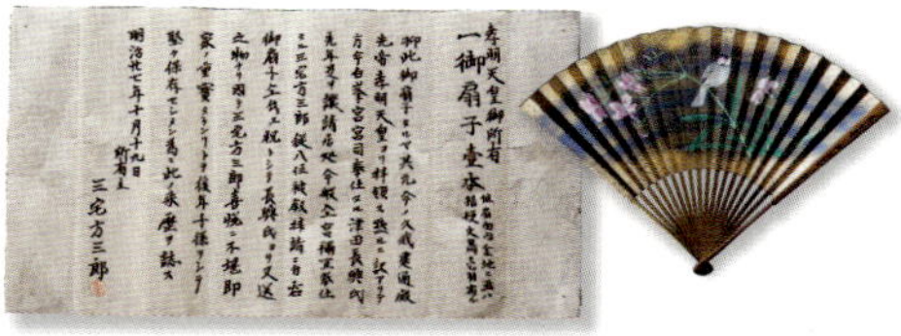

↑孝明天皇由来の扇子とその記録

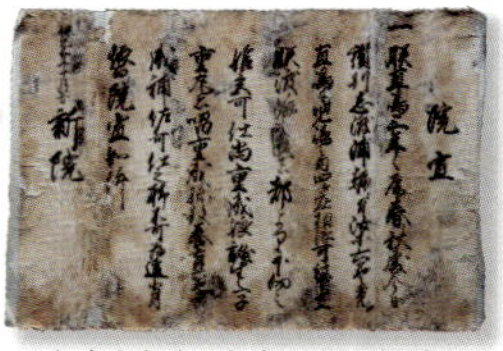

↑島を与えると書かれた院宣

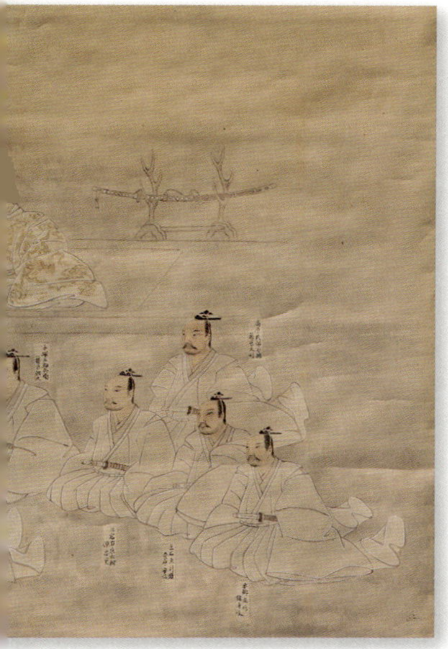

のは美術館や博物館に寄贈され、直島はもとより瀬戸内海沿岸の歴史と文化を紐解く資料として、現在も分類や調査が続けられている。特に江戸時代後期に活躍した佐藤正持の作品は数多く、離島であっても庄屋が幅広い交友関係をもっていた事実が判明している。

そして現在、おおみやけは新しい歴史を刻み始めている。2006年にカフェ「茶寮おおみやけ」を、2009年に宿泊施設「ゲストハウス　おおみやけ」をオープン。観光客が、古くから続く直島の歴史を感じられる場所となった。33代目として、この革新に踏み切ったのは三宅重久である。アジアからヨーロッパまで移動する旅を続け、その後フランスの大学に留学した経験もあることから、海外から訪れる観光客もこころよく迎え入れている。そのためか、フランスのガイドブックにも、おおみやけは掲載されたことがある。直島にはフランス語圏の外国人観光客が多いが、フランス語に長けた氏の影響も大きいと考えられ、今後は海外に直島と日本の伝統文化を発信する拠点となっていくに違いない。

さとう・まさもち／1809年、東京生まれ。春木南湖や谷文晁に師事。描いた日本神話や歴史上の出来事を街頭で披露。紙芝居の元祖とも呼ばれている。

↑『倣浮世又兵衛図』(倉敷市立美術館所蔵)

Information

倉敷市立美術館

旧市庁舎を利用して、1983年に市立美術館として開館。日本画家、池田遙邨の作品を筆頭に、郷土ゆかりの作品を収集。なかには、晩年を倉敷で過ごした佐藤正持の作品も含まれている。

- 岡山県倉敷市中央2-6-1
- 086-425-6034
- 営業時間／9:00～17:15
- 休館日／月曜
- 入館料／一般200円、高大生100円、小中生50円（特別展料金は別途設定）
- 地図／P248

茶寮おおみやけ

一般公開はしていないが、蔵だった部屋と庭をカフェとして利用。建築様式や民具の一部を見られる。また、母屋座敷に宿泊もできる。

- 香川郡直島町855
- 087-892-2338　http://oomiyake.jp
- 営業時間／11:00～16:00
- 定休日／月曜、不定休
- 宿泊料金（※食事は別途）
  母屋座敷（8名までの1グループ）1名6,000円、
  ゲストハウス・ルームチャージ 20,000円（最大4名まで）
- チェックイン15:00／チェックアウト10:00
- 地図／P252

Naoshima Fishing Park

直島つり公園

島の南端、琴反地エリアにある「直島つり公園」は、1981年（昭和56）に直島町の振興策の一環としてオープンした町営の施設。海に突き出した固定桟橋、釣り桟橋、連絡橋、浮桟橋、釣り筏12基、磯釣り施設に釣り堀2基を備えた、初心者から愛好家まで楽しめる本格的な施設である。このあたりは瀬がせまく、海底の地形が複雑。そのため潮の流れが速く、方向も一方向ではなく流れてくることから、魚が居つきやすいという絶好の釣り場を生み出している。季節によってメバル、カサゴ、チヌ、鯛、アイナメ、スズキなどが釣れ、5月から7月にはアオリイカも釣れるという。大物も多く釣れるため、釣果を期待して通う常連客も多い。

60cm強の鯛も釣れる。

それでも釣れないという人には釣り堀がおすすめ。5月から10月頃までは600枚以上の鯛の釣り堀となるため、初心者にもぴったり（100g140円）。釣り上げた鯛はその場でさばいてもらって、活き造りで食べることもできる。

そして釣りにはあまり興味がないという向きには、この施設のもう一つのうりである食堂を紹介したい。5月から9月の週末、祝日限定ながら、手づくりのたこ飯や鯛そうめんなどが付いた定食をいただける。目の前に海が広がるテラスで、直島の海の恵みとおふくろの味を堪能できるのは、この食堂ならではの醍醐味だ。

鯛のお造り

釣り堀で釣った鯛は、鯛の料金（100g140円）とさばき料（300円、活き造り2,000円）でお造りに。肉厚で甘みがつまった鯛は格別のうまさ。

鯛のお刺身定食

5月から9月の土・日曜・祝日限定、1,000円。鯛の刺身のほか、たこ飯、鯛そうめん、おひたしなど手づくりのおふくろの味が楽しめる。

直島つり公園

- 香川郡直島町3180
- 087-892-2891
- 開園時間／7:00〜18:00（11〜3月17:00）
- 休園日／火曜、12月16日〜1月14日
- 基本料金／1,500円
- 地図／P250

恵まれた自然が体感できる釣り専用ビーチ

直島の南端、
絶好のロケーションで
海の恵みを堪能する。

Keyword
#47

Mukaijima Project

向島プロジェクト

**世帯数8・総人口17名の小さな島で
アーティストが蒔いた種に、
来島者が水を蒔き
アートという花を開かせた。**

国内外から集まった参加者たちがアートを生み出していく

直島から100メートルほど離れた小さな島、向島。そこで始められた長期のアートプロジェクトが「向島プロジェクト」だ。生み出される作品や活動を含めた総称である。スタートは2006年（平成18）に遡る。アーティスト川俣正とチームスタッフが、向島にアトリエを構えたことから始まった。アトリエは民家（→#5）を改造したもので、「向島プロジェクトハウス」と命名。そして、同年10月に開催されるアートイベント「直島スタンダード2」でアトリエを公開することを決定し、イベント開催中には1日2便の定期便が就航した。

Information

水上タクシー

向島は本村港から船で5分ほどの距離だが、定期就航便はなく水上タクシーを利用することになる。直島でレンタルバイクやレンタサイクルの貸出をしているショップ「T.V.C.SERVICE」では、事前に予約すれば向島への水上タクシー手配も対応。

T.V.C.SERVICE
● 087-892-4015
● 地図／P250

Column

**島から
島をつくる……。
手づくりで
生まれた
コムカイ島**

樽形のフロートの廃品や発泡スチロールなど、島の浜辺に流れ着き堆積しつつあった漂着物を収集。「島の浜辺を清掃」「浮島制作」という2つのプログラムをもって実施されたプランであった。2009年夏から20名ほどのスタッフが島に滞在。収集、実験モデルの試作という流れでプランを進め、その後は波の動きにも追従する可動構造を導入するなど、島の上に人が立って歩けるよう制作された。瀬戸内国際芸術祭2010の開催後に海から浜辺に引き上げられ、2013年に解体されることになった。

「向島集会所」には、来訪が描いたエビの絵が。当初の役割を終えたアトリエはいったんクローズ予定。

翌年、「浮島制作」のプランが始動。向島の浜に流れ着いた漂着物などを用いて人工島をつくり、海に浮かべるというものである。スタッフは島で生活を送りながら国内外から参加者たちを迎え、ワークショップ形式で制作を進めていった。そして完成した人工島は〝コムカイ島〟と名付けられ、「瀬戸内国際芸術祭2010」の参加作品「島から島を作る」としても公開された。

その後、スタッフや参加者たちが主体となってさまざまなプランを遂行。現在は向島に限定せず、瀬戸内海の群島をあらためて見直すフィールドワークに発展している。協力関係にあるゲストハウス「向島集会所」をとともに、アートの根底に流れるクリエーションとコミュニケーションを体験できる場といえるだろう。

Profile

川俣 正

かわまた・ただし／1953年、北海道出まれ。28歳にしてヴェネチア・ビエンナーレの参加アーティストに選出される。その後も国内外のトリエンナーレに参加。東京藝術大学美術学部先端芸術表現学科教授を経て、現在、パリ国立高等芸術学院教授。向島プロジェクト実施にあたり住民票を向島に移すことから始めた。

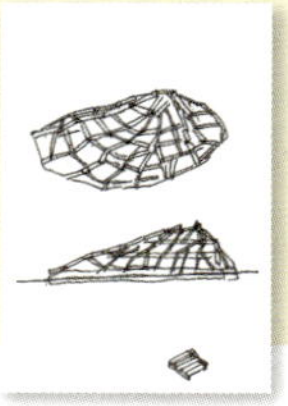

川俣が描いた浮島のイメージ→

Museum of 007 "The Man with the Red Tattoo"

007 赤い刺青の男記念館

だれもが知っている
エンターテインメント作品に
突如、直島が登場した。
映画化とロケ誘致に
向けて島は動き出した。

直島が登場する原作の映画化を目指して

映画007シリーズの第1作は1962年（昭和37）、日本では翌年に公開された『007 ドクターノオ』である。その後20作以上が製作され、なかでも1967年（昭和42）公開の『007は二度死ぬ』では日本が舞台に選ばれた。原作者はイアン・フレミングというイギリス人だが、彼が亡くなったあとは、複数の作家が小説シリーズを引き継いだ。そのうちのひとり、レイモンド・ベンスンが2002年（平成14）に発表した作品が『007 赤い刺青の男』。舞台はふたたび日本で、作中ではG8サミットの会場として直島が登場した。これを機に香川県は招致活動を開始。署名活動、「香川のボンドガール」コンテスト、短編映画『直島より愛を込めて』の製作などが行われた。

そして2005年（平成17）、地域ボランティアが主体と

→『007 赤い刺青の男』
レイモンド・ベンスン
小林浩子 訳

直島周辺で撮られた映画たち

Column

『木下惠介生誕100年 二十四の瞳』

- 監督／木下惠介
- Blue-ray 4,935円、DVD 2,940円
- 発売・販売元／松竹
- 問い合わせ／松竹DVD倶楽部
  電話 0120-135-335

『木下惠介生誕100年 喜びも悲しみも幾歳月』

- 監督／木下惠介
- DVD 2,940円
- 発売・販売元／松竹
- 問い合わせ／松竹DVD倶楽部
  電話 0120-135-335

『釣りバカ日誌』

- 監督／栗山富夫
- DVD 3,990円
- 発売・販売元／松竹
- 問い合わせ／松竹DVD倶楽部
  電話 0120-135-335

『男はつらいよ 寅次郎の縁談』

- 監督／山田洋次
- DVD 3,990円
- 発売・販売元／松竹
- 問い合わせ／松竹DVD倶楽部
  電話 0120-135-335

「海の駅なおしま」から徒歩1分。展示品のほか記念写真用の顔出しパネルもありファンならずとも楽しめる。

なってつくられたのが「007 赤い刺青の男記念館」である。作中に登場する心臓をモチーフとしたオブジェを設置したり、過去の007小説や映画を紹介したり、エンターテインメント性豊かな展示内容となっている。

もっとも、これまでも直島や直島周辺の島々では、さまざまな映画が撮影されてきた。島ならではの美しい風景、心やさしい人びと、育まれてきた生活様式は、メインストーリーとしてもテーマの背景を描く上でも魅力溢れるものだったからだ。名監督として知られる木下惠介は、小豆島で撮影した『二十四の瞳』で島の文化を伝えながら反戦メッセージを、男木島・女木島（→#14）も登場した『喜びも悲しみも幾歳月』で海を守る灯台守が送ったいきざまを広く伝えた。そして現在も、瀬戸内海の島では数多くの映画が撮られている。ロマンに満ちた島の魅力が失われていない証といえるだろう。

Information

元縫製工場を利用した記念館

007 赤い刺青の男 記念館

- 香川郡直島町2294
- 087-892-2299（直島町観光協会）
- 開館時間／9:00〜17:00
- 休館日／年末年始
- 入館料／無料
- 地図／P251

『ぼくとママの黄色い自転車』

- 監督／河野圭太
- DVD 4,935円
- 発売／東映ビデオ　販売／東映
- 問い合わせ／東映ビデオ　電話 03-3545-9302

©2009「ぼくとママの黄色い自転車」製作委員会

『めおん』

- 監督／赤沢明春、野村精司、渡辺敦
- 問い合わせ／さぬき映画祭実行委員会　電話 087-832-3785

©2009 isana creation pictures

『LEONIE（レオニー）』

- 監督／松島久子
- DVD 4,935円
- 発売・販売／角川書店
- 問い合わせ／角川書店　電話 03-6893-3600

©2010レオニーパートナーズ合同会社

『それでも風は吹いている』

- 監督／野村精司
- 問い合わせ／さぬき映画祭実行委員会　電話 087-832-3785

©2011 isana creation pictures

※DVD及びBlue-rayの価格はすべて税込みです。

Keyword
#49

Ferry Crossing

フェリー

島の人々にとっては
大切な生活交通機関であり
旅人にとっては
素敵な島時間への架け橋。

瀬戸内海を縦横に走る島へのアクセス、その時間も楽しい

宮浦港、本村《ほんむら》港、風戸《せと》港という三つの港をもつ直島はもとより、この周辺の島へのアクセスはすべて船だ。クルマごと島へ渡ることのできるフェリーもあれば、時間短縮には高速艇という選択もある。10数社が大小のさまざまな船舶を運行しており、香川県側の高松港、岡山県側の宇野港がその発着拠点となる。島ごとに運行している船会社も違っていたり、また島によって船の便数もかなりの違いがあるので、しっかりと発着時間を把握しておくことも大切ではあるが、ゆったり船に揺られ、海の心地よい風を感じれば、時間に追われることのせわしさを実感するだろう。そう思ったら船旅を存分に楽しむ。それもこの島々へ訪れる大きな魅力となるはずだ。

Column

スクールボート

直島の小中学校へは周辺の島々から子どもたちがスクールボートで通学をしている。生徒こそ減ったが現在でもボートは健在。島民の交通手段も船なのである。

香川県

	区間	船種	運行会社
1	高松〜直島·宮浦	フェリー、高速艇	四国汽船
2	宇野〜直島·宮浦	フェリー	四国汽船
3	宇野〜直島·本村	旅客船	四国汽船
4	直島·宮浦〜豊島·家浦〜犬島	高速艇	四国汽船
5	高松〜(直島·本村)〜豊島·家浦	客船	豊島フェリー
6	宇野〜豊島·家浦〜豊島·唐櫃〜小豆島·土庄	フェリー	小豆島フェリー
7	高松〜女木島〜男木島	フェリー	雌雄島海運
8	高松〜小豆島·土庄	フェリー、高速艇	四国フェリー、小豆島急行フェリー

大小さまざまなタイプの船が定期的に運行されている。これらの船を乗り比べるのも楽しい時間となる。

	区間	船種	運行会社
9	高松～小豆島·池田	フェリー	国際フェリー
10	高松～小豆島·草壁	フェリー、高速艇	内海フェリー
11	高松東港～小豆島·坂手～兵庫県·神戸	フェリー	ジャンボフェリー
12	新岡山～小豆島·土庄	フェリー	四国フェリー、両備フェリー
13	岡山県·宝伝港～犬島	客船	豊田一男
14	高松～宇野	フェリー	四国フェリー
15	宇野～直島·風戸	フェリー	四国汽船

Relic

遺跡

さまざまな時代の遺跡が点在する直島諸島周辺

Information

瀬戸内海歴史民俗資料館

- 高松市亀水町1412-2
- 087-881-4707
- 開館時間／9:00～17:00
- 休館日／月曜（祝日の場合翌日）、年末年始
- 入館料／無料
- 地図／P249

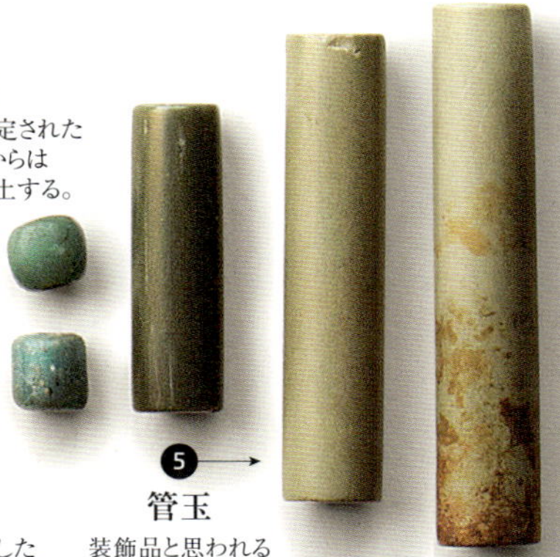

❶ **首飾り**
葛島で出土した古墳時代の玉類の首飾り。

❷ **石鏃**
荒神島で出土したサヌカイト製の矢じり。

❹ **勾玉**
国の史跡に指定された喜兵衛島からは勾玉なども出土する。

❺ **管玉**
装飾品と思われる美しい玉類は家島から出土。

荒神島遺跡が物語る海と人の歴史

直島周辺には20を超える島々が群集し、ごく小さな島を除いて古代の遺跡が多く残されている。丘陵には旧石器時代の石器が散布し、古墳時代には墓が造られている。海浜は縄文時代以降人間の生活の場となり、土器・石器をはじめ網の錘や貝殻・魚骨などが出土する。特に、弥生時代以降は浜で製塩が盛んに行われた。塩づくりの土器は大量に捨てられ、砂浜の下に埋もれている。直島の北3kmにある喜兵衛島の製塩遺跡群はその代表的なもので、国の史跡に指定されている。

このような姿が島の遺跡の一般的なものであるが、これとは異なる遺跡をもつ島がある。直島のすぐ西の荒神島である。ほとんどが山で、北側に砂浜と平地がわずかにある。平地から山の谷にかけて自然の石があちこちに転がっている。この石の周辺から、指先でこねて作った5～10cmほどの小さな土器、勾玉などを模した滑石製品、鉄製品、須恵器などが数多く発掘された。これらの品々は古代において神を祭る際に使用されたものである。

古代人は荒神島で何を願って神を祀ったのであろうか。まず考えられるのが島の生業である

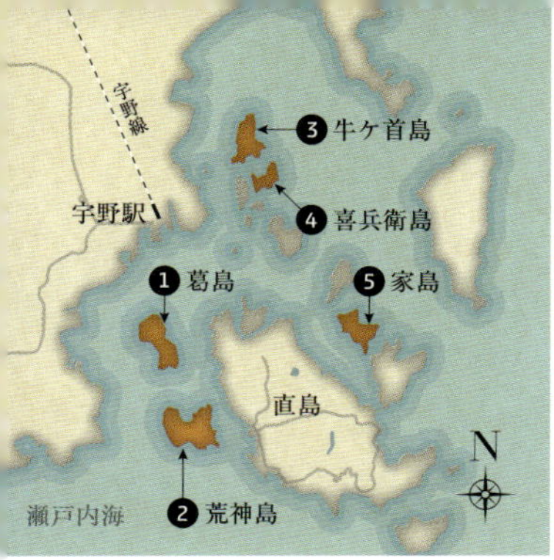

応神《おうじん》天皇や崇徳上皇(→#9)といった、神話的な話が残る直島であるが、より事実を物語る歴史的遺産もこの島周辺には数多く見られる。それが遺跡群である。旧石器時代の石器、縄文時代や弥生時代の土器・石器・貝殻、そして古墳時代の武器・装飾品に至るまで時代も物もさまざま。すなわち、いにしえより、このエリアには人が暮らし、海を渡り、文化を築いていた証であるといえるだろう。例えば古墳時代には製塩が行われており、その塩づくりの文化は現在の直島にも継承されている。

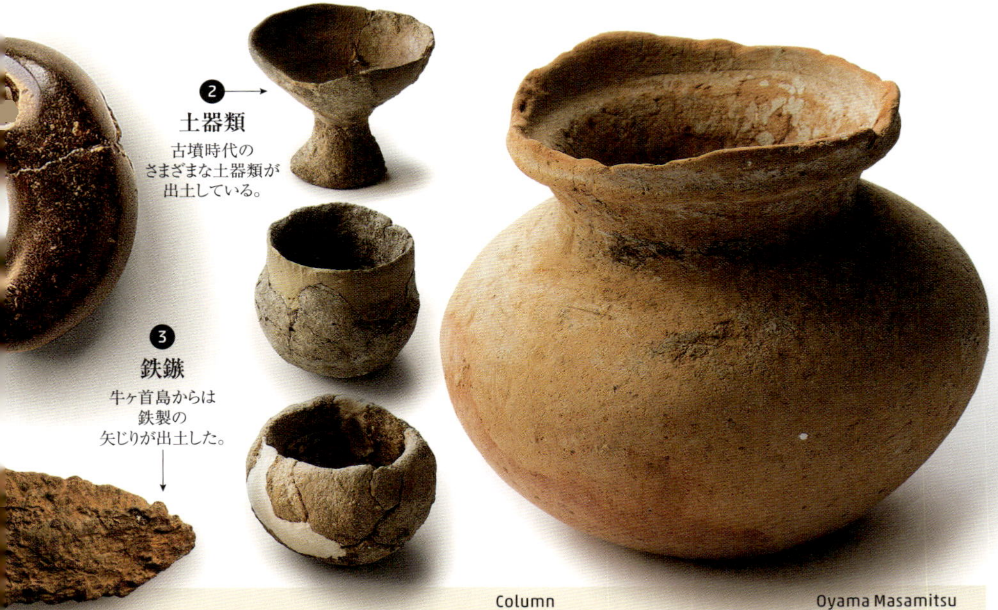

❷
土器類
古墳時代のさまざまな土器類が出土している。

❸
鉄鏃
牛ヶ首島からは鉄製の矢じりが出土した。

Column　Oyama Masamitsu

文・大山眞充
瀬戸内海歴史民俗資料館館長

製塩や漁撈に係る祭りである。しかし、どの島からも同様な祭祀跡が見つかっているわけではない。人間は、海を、塩や魚介類を得る処としてばかりでなく、道としても利用してきた。海上交通では島は中継地として欠かせない存在である。

古代における瀬戸内海の主たる航路は山陽側で、この直島周辺もそのルートの一つであった。航海において古い時代はとりわけ潮待ち・風待ちがたびたびなされた。時代は下るが、江戸時代における直島周辺の海難事故の研究によると、大阪を目指す船は、荒神島の西を抜け直島の北を通過する際に強い東風や南風にあい難破している事例が多い。

荒神島の平地は、東風を直島が防ぎ、南風は自身の南の山がさえぎる位置にある。荒神島の祭祀遺跡は5〜6世紀が主で、この時期は国内外で覇権争いが展開しており海上交通は政治的にきわめて重要であった。古代の航海者たちは荒神島の浜に降り立ち航海の安全を祈ったのであろう。

直島周辺の島々の遺跡は人と海の歴史をこのように伝えている。

日本海
岡山県
香川県
太平洋
総社駅
429
岡山JCT
岡山空港↑
JR伯備線
総社市
山陽新幹線
486
清音駅
倉敷JCT
井原鉄道
倉敷
JR山陽本線
笹ヶ瀬川
小田川
JR宇野線
早島町
倉敷駅
早島
倉敷市立美術館 ▶P237
玉島
茶屋町駅
30
山陽自動車道
新倉敷駅
岡山県
倉敷
429
浅口市
水島臨海鉄道
倉敷市
2
高梁川
水島
JR瀬戸大橋線
430
瀬戸中央自動車道
水島港
直島
Naoshima
下水島
上水島
児島
水島灘
竪場島
六口島
櫃石島
釜島
向島
手島
手島港
小与島
本島
与島
松山の津 ▶P74
小手島
広島
瀬戸大橋
雲井御所 ▶P74
江ノ浦港
牛島
白峰宮 ▶P74
天皇寺 ▶P74
佐柳島
八十場の清水 ▶P74
小島
坂出港
坂出北
高見島
宇多津駅
坂出駅
宇多津町
坂出市
坂出
丸亀港
擬古堂（木丸殿）・鼓岡神社 ▶P74
丸亀駅
丸亀市
坂出JCT
N
粟島
0
5km
10km

瀬戸内周辺地図

Setouchi

岡山県立美術館
岡山駅
岡山市
百間川
砂川
西大寺駅
JR赤穂線
吉井川
旭川
瀬戸内市
新岡山港
前島
黄島
岡南飛行場
児島湖
鴨川
犬島
→P254
瀬戸内海
葛島
30
玉野市
宇野港
宇野駅
430
井島
家浦港
唐櫃港
土庄町
小豆島
小豆島町
土庄港
436
池田港
小豊島
豊島
直島
向島
本村港
宮浦港
大余島
柏島
→P255
男木島
兜島
大槌島
→P250
大島
小槌島
女木島
女木港
高島
瀬戸内海歴史民俗資料館 ▶P104・246
屋島
高松港
高家神社（血の宮）▶P75
高松駅
香川県立ミュージアム ▶P108
青海神社（煙の宮）▶P75
琴電志度線
峯寺 ▶P75
JR高徳線
高松市
高松市歴史資料館
香川県
高松檀紙
高松自動車道
高松東道路
さぬき市
志度
高松中央
高松東
さぬき三木
津田寒川
32
193
高松西
高松空港↓
三木町
JR予讃線
琴電琴平線
琴電長尾線
250
2

直島周辺
Naoshima

玉野市
JR 宇野線
岡山県
宇野駅
宇野港
牛ヶ首島
喜兵衛島
京の上臈島
井島
局島
早崎
寺島
重石ノ鼻
鶴石ノ鼻
葛島
家島
直島
三菱マテリアル株式会社直島製錬所 ▶P136
町立直島小学校 ▶P131
町立直島幼児学園 ▶P130
町立直島中学校・体育館・武道館 ▶P131
直島町役場
向島 ▶P240
風戸山
宮ノ浦エリア
→P251
本村港
本村
本村エリア
→P252
宮ノ浦
256
荒神島
宮浦港
地蔵山
直島ダム
串山ノ鼻
直島町総合福祉センター
積浦港
姫泊山
京ノ山
横防海岸
積浦
尾高島
ベネッセアートサイト直島
琴反地海水浴場
直島つり公園 ▶P238
オカメノ鼻
瀬戸内海
ベネッセアートサイト直島周辺
→P253
柏島
N
0
1km
2km

宮ノ浦エリア
Miyanoura

山本うどん ▶P36
三菱直島生活協同組合 本店
CAFÉ 清
宮ノ浦5区
256
黄櫨染
直島町立診療所
ふれあい診療所
シナモン ▶P234
宮浦郵便局
鷺ノ松
ちくりん
イワタコンフェクト ▶P228
焼肉へんこつ苑
Seven Beach
高松北警察署直島西駐在所
井原商店ニューイハラ
直島町西部公民館
宮ノ浦6区
田舎家
ニューおりんぴあ
宮ノ浦1区
007赤い刺青の男記念館 ▶P242
璃園
島や
みやげ屋 ▶P214
直島銭湯「I♥湯」 ▶P219
エコタウンハウス
Little Plum ▶P214
旅館志おや
256
直島町立宮浦港駐車場
ドミトリー in 九龍
Shioya ダイナー
いこい
ふじ食堂
直島町商工会
たこ焼きふうちゃん
溝口食料品店
みなとや旅館 ▶P36
小型船桟橋
住吉神社 ▶P60
直島町総合福祉センター
▶P130
海の見えるお食事処「なごみ」
瀬戸内海
宮ノ浦2区
海の駅なおしま ▶P222
フェリーのりば
カフェおうぎや ▶P214·223
直島町観光協会 ▶P223
直島楽市 ▶P231
駐輪場
宮ノ浦3区
宮浦港
256
N
0
100m
200m

本村エリア

Honmura

向島
瀬戸内海
T.V.C.SERVICE ▶P240
家プロジェクト
石橋 ▶P218
旅客船のりば ▶P244
石場町
直島港
本村港 ▶P222
Cafe Restaurant ガーデン
▶P214
ギャラリーくらや
14 BAR
直島カフェコンニチハ
よいち座
本村ラウンジ&アーカイブ
▶P220
石井商店 ▶P44
香川県農業協同組合直島支店
茶寮おおみやけ
▶P236
乾酒店
和カフェ ぐぅ
植田たばこ店
いっちょ場
家プロジェクト
碁会所 ▶P218
東町
直島漁業協同組合
古民家ギャラリー嶋屋
美乃
高原城跡 ▶P91
家プロジェクト
きんざ
▶P216
玄米心食あいすなお
▶P235
家プロジェクト
角屋 ▶P215
百十四銀行
小林商店
cat cafe にゃおしま
民宿 おやじの海
でんさく
家プロジェクト
はいしゃ ▶P219
直島町役場 ▶P128
堺谷家（さかいや）▶P101
maimai ▶P233
家プロジェクト
護王神社 ▶P217
←ガソリンスタンド
民宿 西村屋
郵便局
東部公民館
ANDO MUSEUM ▶P210
西町
ひいな
民生会館
八幡山極楽寺 ▶P84
戒加茂町
高原家墓碑 ▶P90
八幡神社 ▶P62
三菱直島生活協同組合本村売店
家プロジェクト
南寺 ▶P216
256
P
中町
T.V.C.SERVICE
Boo
カフェサロン中奥 ▶P234
バンブー ビレッジ
N
0
100m
200m

ベネッセアートサイト直島周辺

Benesse Art Site Naoshima Area

犬島
Inujima

犬島チケットセンター（ストア／カフェ）▶P177
犬島港
犬島港定期船のりば
犬ノ島
犬石明神
在本商店 ▶P172
犬島「家プロジェクト」
I邸 ▶P175
trees犬島店 ▶P173
山神社
▶P173
シーマン
天満宮 ▶P172
犬島「家プロジェクト」F邸 ▶P175
犬島診療所
岡山市立犬島自然の家
▶P176
犬島「家プロジェクト」C邸 ▶P175
犬島「家プロジェクト」A邸 ▶P175
中の谷東屋
▶P175
備前犬島郵便局
定紋石
▶P172
犬島精錬所美術館 ▶P176
犬島「家プロジェクト」
S邸 ▶P175
岡山市犬島浄化センター
犬島
犬島キャンプ場
犬島海水浴場
N
0
200m
400m

豊島

Teshima

豊島美術館 ▶P167
虻崎
白崎
フェリー乗り場
虻山
硯
掘割
唐櫃港
宮崎
豊島中
家浦港
レンタルあき ▶P166
小豆島フェリー待合所
甲崎
宮の浜海水浴場
荒神社／清水霊泉
王子ヶ浜海水浴場
家浦
家浦八幡神社
▶P165
十輪寺
▶P166
豊島郵便局
豊島小
后飛崎
唐櫃
家浦観音寺
産業廃棄物不法投棄現場
こころの資料館
檀山
南大師堂（長原寺）
神子ヶ浜
ダッダカ鼻
神子ヶ浜海水浴場
檀山展望台
255
大洞窟貝塚遺跡
甲生
豊島
片山邸 ▶P165
妙見神社
甲生薬師堂 ▶P165
守山愛樹園
札田崎

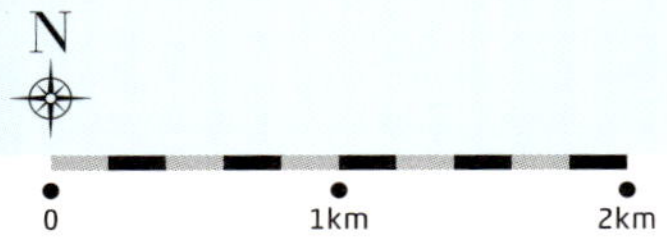

N
0
1km
2km

索引

（五十音順）

参考文献、参考資料

（五十音順）

●『安藤忠雄 仕事をつくる　私の履歴書』（安藤忠雄著　日本経済新聞出版社）●『岩崎小彌太小伝』（三菱史料館）●『一度は行きたい、アートな旅』（ぴあ）●『犬島ものがたり』（在本桂子著　吉備人出版）●『海に開かれた都市　高松―港湾都市900年のあゆみ』（香川県歴史博物館／現・香川県立ミュージアム）●『カーサ ブルータス特別編集　日本の美術館ベスト100ガイド』（マガジンハウス）●『カーサ ブルータス特別編集　安藤忠雄×旅』（マガジンハウス）●『近世瀬戸内「浦」社会の研究』（山本秀夫著　清文堂出版）●『県史37 香川県の歴史』（木原溥幸、丹羽佑一、田中健二、和田 仁著　山川出版社）●『讃岐国香川郡御料直島三宅家文書目録』（瀬戸内海歴史民俗資料館）●『讃岐国香川郡御料直島三宅家文書目録（補遺）』（瀬戸内海歴史民俗資料館）●『讃岐の島の歴史と物語』（草創の会）●『讃岐の歴史』（香川地方史研究会　講談社）●『自立する直島 地方自治と公共建築群』（三宅親連、川勝平太、石井和紘著　大修館書店）●『瀬戸うちの人びと』（中村由信写真、井伏鱒二、宮本常一著　社会思想社）●『瀬戸内海』（中村由信著　角川書店）●『瀬戸内海歴史民俗資料館 総合案内』（瀬戸内海歴史民俗資料館）●『瀬戸内海事典』（編集委員、北川健次、関太郎、高橋衛、印南敏秀、佐竹昭、町博光、三浦正幸著　南々社）●『瀬戸の島旅』（西日本出版社）●『高松市歴史資料館 常設展示図録』（高松市歴史資料館）●『高松松平家所蔵　衆鱗図　第一帖』（香川県歴史博物館友の会博物図譜刊行会）●『高松松平家所蔵　衆鱗図　第二帖』（香川県歴史博物館友の会博物図譜刊行会）●『高松松平家所蔵　衆鱗図　第三帖』（香川県歴史博物館友の会博物図譜刊行会）●『高松松平家所蔵　衆鱗図　第四帖』（香川県歴史博物館友の会博物図譜刊行会）●『高松松平家所蔵　衆鱗図　研究編』（香川県歴史博物館友の会博物図譜刊行会）●『高松松平家所蔵　衆芳画譜　薬草 第二』（香川県歴史博物館友の会博物図譜刊行会）●『高松松平家所蔵　衆芳画譜　薬木 第三』（香川県歴史博物館友の会博物図譜刊行会）●『高松松平家所蔵　衆芳画譜　花卉 第四』（香川県歴史博物館友の会博物図譜刊行会）●『高松松平家所蔵　衆芳画譜　花果 第五』（香川県歴史博物館友の会博物図譜刊行会）●『高松松平家所蔵　写生画帖　菜蔬』（香川県歴史博物館友の会博物図譜刊行会）●『高松松平家所蔵　写生画帖　雑木』（香川県歴史博物館友の会博物図譜刊行会）●『高松松平家所蔵　写生画帖　雑草』（香川県歴史博物館友の会博物図譜刊行会）●『高松松平家所蔵　衆禽画譜　水禽・野鳥』（香川県歴史博物館友の会博物図譜刊行会）●『香川県立ミュージアム 歴史展示案内　かがわ今昔　香川の歴史と文化』（香川県立ミュージアム）●『Tadao Ando 0　安藤忠雄の建築』（安藤忠雄著　TOTO出版）●『地中ハンドブック』（直島福武美術財団・地中美術館）●『特別展 源平合戦とその時代』（香川県歴史博物館／現・香川県立ミュージアム）●『特別展「あの世・妖怪・占い―異界万華鏡―」地域展図録　讃岐異界探訪』（香川県歴史博物館／現・香川県立ミュージアム）●『直島 瀬戸内アートの楽園』（福武總一郎、安藤忠雄ほか著　新潮社）●『直島町史』（直島町役場）●『直島町史 続編』（直島町役場）●『直島通信』（ベネッセコーポレーション、ベネッセアートサイト直島）●『NAOSHIMA NOTE』（直島福武美術館財団、ベネッセホールディングス）●『なおしまの歴史』（高橋昭典 著　自費出版）●『直島文化村へのメッセージ』（ベネッセコーポレーション）●『日本人のホテルをつくる』（長田藤治　近代文藝社）●『美術手帳 2010年6月号増刊　瀬戸内国際芸術祭2010公式ガイドブック』（美術出版社）●『美術手帳 2011年8月号増刊　ART SETOUCHI 公式ガイド瀬戸内・直島アートの旅 ガイドブック』（美術出版社）●『直島瀬戸内アートの楽園』（秋元雄史ほか著　新潮社）●『平賀源内展図録』（東京新聞）●『保元・平治物語絵巻をよむ　清盛栄華の物語』（石川透／星瑞穂 編　三弥井書店）●『三菱のあゆみ』（三菱史料館）●『李禹煥美術館』（発行 直島福武美術館財団）●『Remain in Naoshima 直島コンテンポラリーアートミュージアムコレクションカタログ』（ベネッセコーポレーション）●『余白の芸術』（李禹煥著　発行 みすず書房）●『わがフロンティア経営』（小川栄一著　実業之日本社）

参考ウェブサイト

（五十音順）

- 「犬島時間」
  http://blue-works.jp/inujima/
- 「失われた幕府献上魚図の発見 - 発掘 理学の宝物 - 東京大学 大学院理学系研究科・理学部」
  http://www.s.u-tokyo.ac.jp/ja/story/newsletter/treasure/04.html
- 「国立国会図書館 電子展示会「描かれた動物・植物 江戸時代の博物誌」」
  http://www.ndl.go.jp/nature/index.html
- 「エコアイランドなおしま」
  http://www.pref.kagawa.jp/haitai/ecoisland2/index.htm
- 「岡山県」
  http://www.pref.okayama.jp/
- 「男木 de 遊び隊」
  http://www.ogijima.jp/
- 「鬼ヶ島観光協会」
  http://www.onigasima.jp/
- 「香川県」
  http://www.pref.kagawa.lg.jp/
- 「香川県公式観光サイト」
  http://www.my-kagawa.jp/
- 「香川大学経済学部」
  http://www.ec.kagawa-u.ac.jp/
- 「環境省　廃棄物・リサイクル対策」
  http://www.env.go.jp/recycle/index.html
- 「環境に配慮し、事業者と連携した地域振興 ~香川県直島町を例として~」
  http://www.sangiin.go.jp/japanese/annai/chousa/rippou_chousa/backnumber/2012pdf/20120308091.pdf
- 「コミねっと高松」
  http://takamatsu.genki365.net/
- 「坂出市観光協会」
  http://www.kbn.ne.jp/home/kankou/
- 「讃岐の風土記 by 出来屋」
  http://dekiya.blog57.fc2.com
- 「四国新聞社」
  http://www.shikoku-np.co.jp/
- 「島島ラジオ」
  http://shima-radio.jp/
- 「18世紀の絵師たち 楠本雪渓」
  http://www.joy.hi-ho.ne.jp/hiroshi-w/nn-2.pdf
- 「素顔の直島（直島町観光協会）」
  http://www.naoshima.net/
- 「新瀬戸内海論　島びと20世紀－四国新聞社」
  http://www.shikoku-np.co.jp/feature/shimabito/
- 「瀬戸内海生き物図鑑」
  http://www.geocities.jp/pipipopo227/zukan/zukanntoppu.html
- 「瀬戸内しまラジ!」
  http://shimaradio.seesaa.net/
- 「せとうち暮らし」
  http://setouchikurashi.jp/
- 「瀬戸内国際芸術祭2013」
  http://setouchi-artfest.jp/
- 「瀬戸内国際芸術祭サポーターこえび隊」
  http://www.koebi.jp/
- 「瀬戸内国際芸術祭応援サイトこえびひろば」
  http://www.setouchi-art.jp/
- 「大河ドラマ「平清盛」NHK高松放送局ご当地サイト」
  http://www.nhk.or.jp/takamatsu/kiyomori/index.html
- 「高松市公式ホームページ「もっと高松」」
  http://www.city.takamatsu.kagawa.jp/
- 「高松藩松平家所蔵の博物図譜が持つ学術資料価値と科学史上の影響力」
  http://www.fukutake.or.jp/science/assist/report/08/pdf/08sa9_takigawa.pdf
- 「高松松平家伝来博物図譜の研究」
  http://www.let.osaka-u.ac.jp/arthistory/jahs/pdf/jahs58y/jahs58_36.pdf
- 「旅 瀬戸内」
  http://tabiseto.com/

参考ウェブサイト

（五十音順）

- 「豊島WEB」
  http://www.teshima-web.jp/
- 「直島町」
  http://www.town.naoshima.lg.jp/
- 「直島コメづくりプロジェクト」
  http://www.komezukuri-project.com/
- 「奈良文化財研究所　飛鳥資料館倶楽部」
  http://www.asukanet.gr.jp/
- 「ニッポン移住・交流ナビ　JOIN」
  http://www.iju-join.jp/
- 「日本山海名産図会」
  http://www1.s3.starcat.ne.jp/koten/sankpage/samokuji.html
- 「人形浄瑠璃文楽座」
  http://www.bunrakuza.com/
- 「ベネッセアートサイト直島」
  http://www.benesse-artsite.jp
- 「三菱マテリアル直島製錬所」
  http://www.mmc.co.jp/naoshima/
- 「向島プロジェクト」
  http://mukaijima.web.fc2.com/

資料・写真協力機関

（五十音順）

●安藤忠雄建築研究所●内海フェリー●海の見える杜美術館●大橋紀寛●岡山県立美術館●岡山大学附属図書館池田家文庫●鬼ケ島観光協会●株式会社DNPアートコミュニケーションズ●株式会社ベネッセホールディングス●香川県環境森林部廃棄物対策課資源化・処理事業推進室●香川県観光交流局瀬戸内国際芸術祭推進室●香川県立文書館●香川県立ミュージアム●旧庄屋・三宅家●熊取町教育委員会●倉敷市総務課歴史資料整備室●倉敷市立美術館●栗生みどり（豊島 泉屋）●慶應義塾図書館●公益財団法人　福武財団●公益財団法人 松平公益会●弘憲寺●甲生片山邸●国際フェリー●国立公文書館●国立国会図書館●金刀比羅宮●堺谷家●坂出市教育委員会●SANAA●四国汽船●四国フェリー●社家・三宅家●ジャンボフェリー●雌雄海運●小豆島観光協会●小豆島急行フェリー●小豆島フェリー●白峯神宮●新建築社●妹島和世建築設計事務所●瀬戸内海歴史民俗資料館●瀬戸内国際芸術祭●高松市地域政策課男木出張所●高松市歴史資料館●立石水産●逓信総合博物館●東京国立博物館●東京都立中央図書館●直島町役場●中村由信（中村田鶴子）●西沢立衛建築設計事務所●西野金陵株式会社●日本銀行金融研究所貨幣博物館●仁和寺●沼津市若山牧水記念館●浜口 勝●PPS通信社●藤田観光株式会社●丸亀市立資料館●三菱史料館●三菱マテリアル株式会社 直島製錬所●宮川 花園●三宅晃子●向島プロジェクト事務局●八幡山極楽寺

特別協力

（順不同、敬称略）

●福武總一郎（ベネッセホールディングス取締役会長、福武財団理事長）●安藤忠雄（建築家）●李禹煥（アーティスト）●北川フラム（瀬戸内国際芸術祭総合ディレクター）●三宅員義（岡山市議会議員）●濱田孝夫（直島町長）●浜中 満（直島副町長）●直島町役場のみなさん●浜口 勝●山名 榮●松葉一清（武蔵野美術大学教授）●田中健二（香川大学教育学部教授）●大山眞充（瀬戸内海歴史民俗資料館）●田井静明（瀬戸内海歴史民俗資料館）●織野英史（瀬戸内海歴史民俗資料館）●松岡明子（香川県立ミュージアム）●三好賢子（香川県立ミュージアム）●御厨義道（香川県立ミュージアム）●山本秀夫（香川県立高松工芸高等学校教諭）●山本英之（高松市歴史資料館）●堀純子（香川県立文書館）●加納容子（染織家）●吉田文司（人形浄瑠璃文楽座）●笠原良二（ベネッセホールディングス）●小谷明（ベネッセホールディングス）●玉川理恵（ベネッセホールディングス）●堤雅之（直島文化村）●脇清美（福武財団）●占部隆子（福武財団）●川浦美乃（福武財団）●十河完也(安藤忠雄建築研究所) ●森詩麻夫(安藤忠雄建築研究所) ●豊田郁美（鹿島建設）●田丸圭一（鹿島建設）●小林緑

協力者のみなさま

（五十音順、敬称略）

Special Thanks!

直島

石井明美　石川好夫　井上しげみ　岩田正義　上田志女子　遠藤祐造　大月和子
岡田康子　緒方千恵子　小野哲人　兼元邦夫　菊田　修　木下幸三　小西シマ子　小林貴洋
堺谷明子　堺谷二郎　堺谷寿美　堺谷節男　坂口津代子　實藤亮太　三田和子
芝原秀寛　清水めぐみ　杉　三千子　筒井淳一　筒井博子　直島町役場の皆さん
中谷輝美　成田和栄　西岡明美　西口義雄　広田恵美子　福田笑子　松本和仔
三宅晃子　三宅重久　村尾由紀子　森本ふみえ　山口健治　山名　榮　山本修三
ほか直島町の皆さん

豊島／犬島

安岐石油　栗生みどり　在本桂子　南波伸樹

cafe
Konichiwa
高松 — 直島 — 宇野
うどん
Alc. 5%
よい

直島インサイトガイドのために

Project Manager & Art Director;Okamoto Issen

←岡本一宣の
第一回直島ロケハン
スケッチより
by iPhone

2月の寒いある日、突然、安藤さんから手紙が届いた。

長崎インサイトガイドのような直島の本がつくれないだろうかと……。

建築家、安藤忠雄。ベネッセアートサイト直島でも圧倒的な建築を生み出し、福武会長とともに直島から新たな価値観を世界に発信している希有な存在。そんな人物から、うれしい連絡をいただいた。長崎インサイトガイドとは、僕の故郷でもある長崎を改めて世に自慢してしまおうというストレートな発想と、パブリックメディアの新たなカタチへの挑戦から生まれた長崎ガイドである。安藤さんにその意味を理解していただいたこと、そして楽しんでいただいたことは僕にとって何事にもかえられない達成感であった。連絡から数日後、安藤さんがわざわざ僕の事務所まで足を運んでくれた。なんとも凄い行動力。

直島には〝感〟としておもしろいコンテンツがあるとは思っていたのだが、俯瞰で整理されたものがなかったこともあり少々躊躇はした。安藤さんの直島への熱い思い、できないと言えない僕はその場で安藤さんに〝つくる〟ことを約束。安藤さんからの一通の手紙をきっかけに、僕たちは直島インサイトガイドのプロジェクトを立ち上げた。

直島の歴史や近年を知るキーパーソンにお会いしていくなかで、素晴らしいコンテンツが広がっていった。美しい空気の流れる瀬戸内の小島にいにしえより伝えられる興味深いものが数多く埋もれていた。専門家による学術的見地からの歴史発掘は近年やっと始まったばかりだという。それだけに、我々の取材も手探りで、瀬戸内周辺の資料館や博物・美術館、大学の研究施設の方々に多大な協力を仰ぎながらの作業であったと同時に、なによりも島に暮らす人々の優しさ、温かさ、笑顔が我々の本づくりを強力にサポートしてくれたのだと実感している。

福武会長のとてつもない発想、故三宅親連元町長の実行力によって、いまや世界に認められる芸術文化発信の地となった直島。そして、その背景には島の人たちの遺伝子に残った崇高な知恵の歴史がある。ぜひ本書を片手に直島を歩いて欲しい。見るべきものだけではない、知るべきもの、その姿に直島の呼吸を感じとることができるはずだ。

本書製作にあたり、全面的なバックアップをいただいた直島町はじめ、ご協力くださったすべての方に、この場を借りて厚く御礼を申し上げます。
日本の都市と人の更なる魅力を深くわかりやすく美しく編纂するインサイトガイドブックシリーズ。新しいカタチ、次代のガイドブック！

岡本一宣

直島インサイトガイド

直島を知る50のキーワード

総合プロデュース、アートディレクション
岡本一宣
企画
上西俊彦（講談社ビーシー）
編集・取材・執筆
成田孝男
岩崎裕司、宮澤英伸
井上すみ子、礒崎西施
監修
直島町
株式会社ベネッセホールディングス
公益財団法人　福武財団
安藤忠雄建築研究所
香川県立ミュージアム
瀬戸内海歴史民俗資料館
撮影
結城剛太
児玉晴希
小西康夫
名取和久
蓮井幹生
デザイン
小埜田尚子、花房慎一、尾崎行欧、中川寛博、
山崎友歌、俵拓也、高橋快、井上友里、鍋田哲平
富樫祐介、田嶋諒、芝田千絵、小竹美雪
（o.i.g.d.c.）
オペレーティングデザイン
青山美香
地図制作
アトリエ・プラン
校閲
有限会社共同制作社
制作進行
足立千佳子、青山雅子（o.i.v.c.o.）
アカウントマネージメント
岡本久美子、後藤エミ子（o.i.v.c.o.）
プリンティングディレクション
栗原哲朗（図書印刷）
印刷営業
澁谷武志（図書印刷）

Naoshima《なおしま》 Insight Guide《インサイトガイド》
直島《なおしま》を知《し》る50のキーワード
2013年2月28日　第1刷発行

企画・制作・著作
直島《なおしま》インサイトガイド制作委員会《せいさくいいんかい》
発行者
岡本一宣
勝股優
編集発行
株式会社岡本一宣企画室
〒107-0062　東京都港区南青山5-4-35-1011
電話03-5485-2880
株式会社講談社ビーシー
〒112-0013　東京都文京区音羽1-2-2
電話03-3941-5771
発売
株式会社講談社
〒112-8001　東京都文京区音羽2-12-21
（販売部）03-5395-3606
印刷・製本
図書印刷株式会社

ISBN 978-4-06-218324-6

Insight Guide 3

Naoshima
Insight Guide

直島

50 Keywords about Naoshima

Contributing Writers
The Committee of Naoshima Insight Guide
Project Manager & Art Director
Okamoto Issen
Editors
Narita Takao
Iwasaki Yuji,Miyazawa Hidenobu
Inoue Sumiko,Isozaki Seishi
Supervisors
Naoshima-town
Benesse Holdings, Inc.
Fukutake Foundation
Tadao Ando Architect & Associates
The Kagawa Museum
Seto Inland Sea Folk History Museum
Photographer
Yuuki Gorta
Kodama Haruki
Konishi Yasuo
Natori Kazuhisa
Hasui Mikio
Designer
Onoda Naoko, Hanafusa Shinichi
Ozaki Ikuo, Nakagawa Nobuhiro
Yamazaki Yuka, Tawara Takuya
Takahashi Kai, Inoue Yuri, Nabeta Teppei
Togashi Yusuke, Tajima Ryo
Shibata Chie, Kotake Miyuki
(o.i.g.d.c.)
Operating Designer
Aoyama Mika
Proofreaders
Kyodo Seisakusha Inc.
Map Designer
atelier PLAN LLC.
Coordinators
Adachi Chikako, Aoyama Masako
(o.i.v.c.o.)
Accounting Staff
Okamoto Kumiko, Goto Emiko
(o.i.v.c.o.)
Printing Manager
Kurihara Tetsurou (TOSHO Printing Co., Ltd.)
Printing Scheduling
Shibutani Takeshi (TOSHO Printing Co., Ltd.)
Printing
TOSHO Printing Co., Ltd.
Publisher
Okamoto Issen Visual Communicators' Office
Kodansha BC

西國船往還筋
小豆島
高七千九百拾六石三斗弐升一合
備前国牛窓江渡海二里半